Helge Döhring

Anarcho-Syndikalismus in Deutschland 1933 -1945

Helge Döhring

Anarcho-Syndikalismus in Deutschland 1933 -1945

CIP-Titelaufnahme der deutschen Bibliothek:
Helge Döhring: Anarcho-Syndikalismus in Deutschland 1933-1945
2. überarbeitete und ergänzte Auflage, 2. Tsd., Bodenburg, Verlag Edition AV
ISBN 978-3-86841-296-3

2. Auflage 2023

Druck: Druckerei Kleb GmbH, Wangen i. Allgäu
Printed in Germany

Verlag Edition AV
Dr. Andreas W. Hohmann
Teichstraße 1
31162 Bodenburg
editionav@gmx.net

www.edition-av.de

Dem besten:
Martin Veith

Inhalt

„Wenn aber die Arbeiterschaft aus den Erfahrungen die Lehre zieht, dass die geschlossene Abwehr zur rechten Zeit die weitaus ökonomischere Kräfteanwendung ist, dann sind diese Opfer wenigstens nicht sinnlos gewesen."

Ernst Binder[1]

Vorwort zur 2. Auflage

Die erste Auflage dieses Buchs erschien 2013 im Schmetterling Verlag. Was passierte in den letzten zehn Jahren, dass es sich nicht nur lohnte, diese zweite Auflage herauszubringen, sondern sie inhaltlich auch zu erweitern?

Zum einen schrieb ich weitere Aufsätze zum Thema und zu Teilaspekten.[2] Und zum anderen erschienen zwei eindrückliche und sehr informative Erinnerungen der Anarcho-Syndikalisten Wilhelm Schroers (Delmenhorst) und Richard Thiede (Leipzig) an die Nazizeit, die in diese Zweitauflage Eingang finden mußten.[3] Desweiteren fanden nicht wenige öffentliche Ehrungen, u.a. mittels Stolpersteinen und erläuternden (Forschungs-)Texten statt. Und in Fürth gründete sich zum Gedenken an Fritz Oerter eine Initiative zur Einweihung einer Bronzetafel am Gebäude seiner ehemaligen Leihbücherei Obere Fischerstraße 3. Hierzu verfasste ich einen biographischen Text zu Oerter.[4] Zu vielen der hier engagierten Menschen nahm ich Kontakt auf.

Danke dafür an:

Bernd Ashauer-Jerzimbeck (zu Anton Rosinke),
Jens Uwe Fischer (zu Theodor Bennek),
Thomas Graner (zu Arthur Holke),
Wolfgang Haug (zu Theodor Plievier),
Heiko Honisch (zu Wilhelm Schroers),
Alfred Hierer (zu Fritz Oerter),
Erik Natter (zu Berthold Cahn),
Leonhard F. Seidl (zu Fritz Oerter)
und

Gert Thiede (zu Richard Thiede)

Für diese zweite Auflage konnte ich zusätzlich auf ihr Wirken und Schreiben zurückgreifen.

Danke auch an den Verlag Edition AV, sowie an Martin Veith fürs neue Layout.

Ich grüße die tapferen Kämpferinnen und Kämpfer gegen Faschismus und Kapitalismus.

Für weitere Recherchen zu Gefangenen in den deutschen Konzentrationslagern eignet sich das International Center on Nazi Persecution; Arolsen Archives: https://arolsen-archives.org/suchen-erkunden

Helge Döhring, *Bremen im Juni 2023*

Vorwort der 1. Auflage

Warum Anarcho-Syndikalismus?

Der Anarcho-Syndikalismus als Widerstandsform in Deutschland hat trotz seiner Marginalität einige Vorzüge zu bieten gehabt, die im Buch herausgearbeitet werden. Eine Besonderheit lag darin, dass die überregional angelegten Strukturen im Gegensatz zu anderen Arbeiterorganisationen relativ lange erhalten blieben bzw. vor dem Zugriff der Gestapo geschützt werden konnten. Die anarcho-syndikalistische Fluchthilfeorganisation blieb bis 1937 intakt! Erst 1940 mit der Besetzung Westeuropas durch die deutschen Truppen kam sie ganz zum Erliegen.

Daneben liegt es in der Eigenschaft des Anarcho-Syndikalismus, Faschismus nicht nur zu bekämpfen, sondern an den Wurzeln zu packen, ihn von vornherein unmöglich zu machen. Besonders auffällig sind die Unterschiede im Umgang der Arbeiterschaft mit den faschistischen Machtübernahmen in Deutschland und in weiten Teilen Spaniens. Während in Deutschland unter sozialdemokratischer Führung die zentralistisch geführte Arbeiterbewegung zu keinem effektiven und kollektiven Widerstand fähig war, setzte sich die anarcho-syndikalistische Arbeiterschaft Kataloniens und Aragoniens zur Wehr und wurde darüber hinaus in vielen und bedeutenden Regionen Spaniens zur Trägerin einer sozialen Revolution. In Russland ergab der Marxismus-Leninismus als weitere Form von Arbeiterorganisation lediglich eine andere Variante diktatorischer Herrschaft. Aus diesen Gründen es interessant, sich eine in Deutschland wenig beachtete Form sozialistischer Bewegung genauer anzuschauen.

Ebenso bedeutend, wenngleich kaum bekannt, ist die Tatsache, dass der Syndikalismus in Deutschland, im Lokalismus wurzelnd, einen genuin eigenen Strang der Arbeiterbewegung darstellt, der viel älter ist als die kommunistischen Abspaltungen von der Sozialdemokratie im Zuge des Ersten Weltkrieges. Der Anarcho-Syndikalismus stellt die für die Genese der Arbeiterbewegung entscheidenden Fragen nach zentralistischer oder föderalistischer Organisation, sowie die nach der vorrangigen Ebene revolutionärer Tätigkeit auf ökonomischem oder auf politischem Terrain. In besonderem Maße widmet er sich den kulturellen und sozial-psychologischen Voraussetzungen eines freiheitlich-emanzipatorischen Sozialismus.

Wie verhielt sich diese nichtmarxistische Bewegung, die einen eigenen Ansatz freiheitlich-emanzipatorischer Bestrebungen vorzuweisen hatte? Wie sah ihre organisierte Widerstandstätigkeit aus, ohne zentrale Führungen und auf föderalistischer Grundlage basierend? War effektive Organisation auf diese Weise überhaupt möglich, und worin fand sie ihren Ausdruck?

Ausgehend von diesen Grundeigenschaften trägt der Anarcho-Syndikalismus eine klassische, stets aktuelle Bedeutung in sich, welche nicht nur, aber besonders in Krisenzeiten offenbar wird.[5]

Vorgehensweise und inhaltlicher Aufbau

Das vorliegende Buch beginnt mit einem einführenden Teil, worin ich den Anarcho-Syndikalismus in allgemeiner Form darstelle: Seine Genese, Theorie, soziale Basis, historischer Kontext, Ausbreitung, Organisation, Symbolfiguren, Leistungen vornehmlich auf ökonomischer, politischer und auf kultureller Ebene.

Darauf folgend beschreibe ich unter Berücksichtigung der Facetten anarcho-syndikalistischer Faschismusanalyse den Übergang der Organisation in die Illegalität, um mich dann der Geschichte ihrer Reorganisation zuzuwenden. Weil das Buch den Lesern eine allgemeine Übersicht geben soll, gehe ich im Hauptteil den sog. „W-Fragen" nach: Anhand der geographischen Zentren der Tätigkeiten in Deutschland, sowie dem FAUD-Auslandskomitee (Wo?) beleuchte ich deren Aktivitäten an sich (Was?), die Umstände und Methoden ihrer Tätigkeiten (Wie?) und stecke die zeitlichen Dimensionen ab (Wann?). Die Fragen nach den Trägern der Bewegung (Wer?), sowie nach den Gründen des Widerstandes (Warum?) ergeben sich zumeist aus dem einführenden Teil des Buches. Dennoch wird der sozialen Basis in einem Extrakapitel gesondert nachgegangen, aufgefächert nach Klassen, Altersstufen und Geschlechtern.

Daran schließt sich die Frage nach der Wirkung des Anarcho-Syndikalismus während der Nazizeit an und danach, was die Diktatur für Wirkungen auf diesen hatte. Dazu gehe ich, u.a. anhand einiger Protagonisten der Bewegung, dem Naziterror und seiner Methoden nach, werfe einen Blick auf interessante Zeugnisse (Nachlässe), welche die Nazizeit überdauern konnten, um dann in groben Zügen die Organisation und Neuausrichtung des Anarcho-Syndikalismus nach 1945 zu skizzieren.

Quellen und Literatur

Die anarcho-syndikalistischen Widerständler entstammten fast ausnahmslos dem proletarischen Milieu und zeigten sich schreibscheu, besonders, was das Aufzeichnen von Erinnerungen oder gar Veröffentlichungen anbelangte. Deshalb gibt es von ihnen neben mancher Privatkorrespondenz vor allem Interviews, die in den 1980/90er Jahren von engagierten, bewegungsnahen Historikern geführt und teilweise veröffentlicht wurden. Dazu zählen beispielsweise Hans Jürgen Degen, Siegbert Wolf oder Peter Walter. Ausführliche prosaische Beiträge existieren hingegen kaum und stammen von einigen der wenigen eher bürgerlich geprägten Anarcho-Syndikalisten, wie zum Beispiel: Kurt Wafner (Berlin): „Ausgeschert aus Reih' und Glied" (2001) und Hermann Zipperlen (Stuttgart): „Die Stunde des Gerichts" (1946). Der Arbeiter Hans Schmitz (Wuppertal/Düsseldorf) musste erst überredet werden, einige wenige, aber sehr aufschlußreiche Seiten niederzuschreiben: „Widerstand – Ein persönlicher Bericht" (1995). Der Mannheimer Karl Schild hingegen tat es bereits emsig im Dienste des Parteikommunismus, zu welchem er nach dem Krieg konvertierte. Sein Bericht über die Zeit im Strafbataillon 999 in Irene Hübner „Unser Widerstand" ist tatsächlich lesenswert. Einen kleinen Lyrikband brachte im Jahre 1946 der Göppinger Otto Müller heraus mit dem Titel „Hinter Gittern".

Weitere Literatur ist das Ergebnis der Forschung. So existieren vor allem regionale Studien und Darstellungen von Rolf Theißen, Peter Walter und Johanna Wilhelms: „Anarcho-Syndikalistischer Widerstand an Rhein und Ruhr" (1980) sowie Ulrich Klan und Dieter Nelles: „Es lebt noch eine Flamme. Rheinische Anarcho-Syndikalisten in der Weimarer Republik und im Faschismus". Beide Werke sind wahre Fundgruben, vor allem an Quellen aus der Oral-History mit der Auswertung und Präsentation zahlreicher Zeitzeugeninterviews. Dasselbe trifft auf eine etwas kleinere Studie von Axel Ulrich über das konspirative „Verbindungsnetz in Hessen und im Raum Mannheim/Ludwigshafen" zu. Weitere Darstellungen wurden berücksichtigt vor allem zu den Regionen Berlin (Hans-Rainer Sandvoß, Heinrich-Wilhelm Wörmann), Württemberg (Helge Döhring), Südwest-Deutschland (Siegbert Wolf), Mannheim (Manfred Geis) und Kassel (Jürgen Mümken), dazu Biographisches, Nachrufe und andere wertvolle Mosaiksteine aus Büchern und Zeitschriften. Hinzu kommen kürzere Kapitel und Fragmente zum Anarcho-Syndikalismus in allgemeinen und regionalspezifischen Gesamtdarstellungen zum Thema Widerstand, beispielsweise in Duisburg (Kuno Bludau), Niederrhein/Mönchengladbach (Heribert Schüngeler, Norbert Pies und Detlev Peukert), Wuppertal (Gerhart Werner, Inge Sbosny/Karl Schabrod, Dirk Gerhard), Sömmerda (Annegret Schüle, Frank Havers), Darmstadt (Henner Pingel), Saarland (Patrik von zur Mühlen, Klaus-Michael Mallmann), Offenbach (Adolf Mirkes/Karl Schild), Wiesbaden (Lothar Bembenek/Axel Ulrich) oder Kassel (Cristine Fischer-Defoy, Jörg Kammler). Daneben existieren zwei kurze Bestandsaufnahmen in Aufsatzform (Wolfgang Haug und Andreas Graf).

Die vorliegende Arbeit basiert zum größten Teil auf dem Quellenstudium, vor allem zeitgenössischer Periodika, den Beständen des Reichssicherheitshauptamtes im Bundesarchiv Berlin und auf der Korrespondenz bedeutender Anarcho-Syndikalisten, die im Internationalen Institut für Sozialgeschichte in Amsterdam lagern. Anhand dieser Grundlagen war es mir möglich, eine ausgewogene Übersicht zum Thema zu erstellen und Bewertungen abzugeben. Leider ist es mir versagt, anschauliche Texte von Rudolf Rocker zu präsentieren, da der Inhaber der sog. „Urheberrechte", Heiner Michael Becker aus Nordwalde bei Münster, es nicht gestattet hatte. Da die Texte von Rudolf Rocker im Jahre 2029 frei werden, mögen sie einer dritten Auflage vorbehalten sein.

Dank

Mein Dank geht an Deborah Tal-Rüttger (Kassel) und an Helmut Usinger (Offenbach) für die interessanten Gastbeiträge, an Hans Jürgen Degen (Berlin), Marianne Enckell (Lausanne), Rainer Golembiewski (Offenbach), Folkert Mohrhof (Hamburg), Bernd Noack (Fürth), Hans Rentschler (Salach), und dem Antiquariats-Buchhandel „Panorama" (Bremen) für ihre Auskünfte und Zurverfügungstellung von (Bild-)material, der Bibliothek der Freien (Berlin) für die Zurverfügungstellung des Titelfotos, Valentin Tschepego für das Interview mit Helmut Kirschey, Jonnie Schlichting (Schwerin) und Martin Veith für die Sichtung und Korrekturen.

Helge Döhring, *Bremen im Dezember 2012*

I. Genese und Entwicklung des Anarcho-Syndikalismus in Deutschland bis 1933

Die Genese des Syndikalismus in Deutschland war eng verknüpft mit der Mitte des 19. Jahrhunderts einsetzenden Industrialisierung, womit die Proletarisierung breiter Bevölkerungsschichten einherging. Die Industriearbeiterschaft begann damit, sich in betrieblichen und lokalen Vereinigungen zu organisieren, um ihre Arbeitsbedingungen zu verbessern und höhere Löhne zu erzielen. Auf diese Weise bildeten sich örtliche gewerkschaftliche Fachvereine. Zu größerer Entfaltung kamen sie jedoch erst, als das gesetzliche Koalitionsverbot aufgehoben wurde, im Königreich Sachsen 1861, in Preußen 1867, in den Staaten des Norddeutschen Bundes 1869, seit 1872 schließlich im gesamten neu gegründeten Deutschen Kaiserreich.(6) In der Folgezeit bildeten sich überregionale gewerkschaftliche Zusammenschlüsse heraus: Die sozialdemokratischen (lassalleanischer, wie auch Eisenacher Richtung), sowie christliche und die Hirsch-Dunckerschen Vereinigungen. Schon bald nach diesem Startschuß machten die der sozialdemokratischen Partei nahe stehenden Gewerkschaften das Rennen. Sie unterteilten sich in zwei Ausrichtungen. Im Jahre 1877 bestanden 26 Zentralvereine und 5 Lokalvereine.(7) Erstere forderten eine strikte Zentralisierung der Vereinigungen in Deutschland, letztere befürworteten *„einen föderativen, auf sozialistischer Grundlage aufgebauten Organismus"*. (8)Weitere Zentralisierungsbestrebungen hielten im Jahr 1878 die sog. *„Sozialistengesetze"* auf. Durch diese wurde die überregionale Organisierung verboten. Nur lokale Vereinigungen konnten sich reorganisieren. Seit 1881 bildeten sich verstärkt neue Organisationen, welchen es nicht untersagt war, Vertrauensmänner zu wählen, die als Einzelpersonen miteinander in Verbindung treten konnten.

Dieses Gebilde nannte sich *„Vertrauensmännerzentralisation"* und hatte den Charakter einer Föderation, deren Leitung nur koordinierende Aufgaben hatte. Wenngleich sich ihre Aktivitäten deutlich einschränkten, so bewahrte diese Bewegung doch ihre Kontinuität. Die Erfahrung zeigte, dass eine lokale Organisation Vorteile gegenüber Repressionsmaßnahmen bot, weshalb in den Folgejahren mehrere lokale Vereinigungen diese Organisationsform beibehalten wollten. Dennoch organisierten sich die Zentralisten und trieben ihre Vorstellungen rasch voran. Schon ein Jahr nach der Nichtverlängerung der „Sozialistengesetze" konnte im Jahre 1891 eine Generalkommission der Gewerkschaften zur Schaffung von zentralistisch strukturierten Berufs- und Industrieverbänden gegründet werden. 1892 fand in Halberstadt der erste Gewerkschaftskongress statt, auf welchem die Zentralisten die Oberhand behielten, und die Lokalisten im Streit schließlich abreisten. Letzteren blieb nichts anderes übrig, als ihre

Vorstellungen ebenfalls überregional organisatorisch zu festigen, wenn sie aus der Gewerkschaftsbewegung nicht verdrängt werden wollten. So entstand im Jahre 1897 auf dem *„Kongress der Lokalorganisierten oder auf Grund des Vertrauensmännersystems zentralisierten Gewerkschaften Deutschlands"* ein eigenständiger Gewerkschaftsverband neben dem der Zentralisten, der sich seit 1901 *„Freie Vereinigung deutscher Gewerkschaften"* (FVDG) nannte. Die „Freie Vereinigung" propagierte den revolutionären Klassenkampf und die *„Direkte Aktion"*,[(9)] war konsequent antimilitaristisch ausgerichtet, machte die Trennung in rein politische und rein gewerkschaftliche Organisation nicht mit und organisierte sich weiterhin nach föderalistischen Prinzipien. Das bedeutete, dass die Ortsvereinigungen selbständig blieben und keiner zentralen Leitung unterstellt wurden, beispielsweise über Streiks und Kassenführung vor Ort souverän entschieden. Die Geschäftskommission der FVDG als oberste ausführende Organisationsinstanz hatte keinen leitenden, sondern koordinierenden Charakter. Inspiriert durch die Schriften von Raphael Friedeberg (*„Parlamentarismus und Generalstreik"* - 1904) und Siegfried Nacht (*„Der soziale Generalstreik"* - 1905), verfochten die Lokalisten das Konzept des Generalstreiks, den die SPD und die Zentralgewerkschaften strikt ablehnten. Propagiert wurden auch die Sabotage, der Boykott und Solidaritätsstreiks.

Da die Lokalisten eine Trennung von Politik und Gewerkschaft ablehnten, hielten sie noch über ein Jahrzehnt lang nach ihrer Gründung daran fest, sich gleichzeitig in der SPD zu organisieren. Dort wurden sie jedoch in den ersten Jahren nach der Jahrhundertwende mehr und mehr herausgedrängt, bis 1908 auf dem SPD-Parteitag zu Nürnberg ein Unvereinbarkeitsbeschluß gegenüber Mitgliedschaften in der FVDG gefasst wurde. Das Kräfteverhältnis zu den Zentralverbänden sah bereits zehn Jahre zuvor ungünstig aus. Die FVDG hatte knapp 7.000 Mitglieder und stagnierte, die Zentralgewerkschaften vereinten über 400.000 Mitglieder und wuchsen im Jahre 1911 auf knapp 2.500.000 an.

In ihrer nunmehrigen Ablehnung des Parlamentarismus suchten sich die Lokalorganisierten Abhilfe von ihrer einstigen politischen Heimat im Modell der Arbeiterbörsen (*„Bourses du Travail"*), das die französischen Syndikalisten (voran ihr Theoretiker Fernand Pelloutier (1867-1901) entwickelten, um die Einheit von politischer und ökonomischer Ebene zu gewährleisten.[(10)] Bei ihnen galt das Primat des Ökonomischen, der Arbeitermacht auf betrieblicher Basis. Die Eroberung der politischen Macht hingegen wurde verworfen. Statt der Bezeichnung *„Lokalisten"* kam, angelehnt an das französische Modell und dessen Bestandteilen, den *„syndicat"*, verstärkt der Begriff *„Syndikalismus/Syndikalisten"* auf. Auch Einflüsse aus der anarchistischen Ideenwelt machten sich verstärkt bemerkbar, so die Ideen des Föderalismus bei Proudhon, die Antistaatlichkeit Bakunins,[(11)] die freiheitlich-emanzipatorische

Bildungspolitik Francisco Ferrers,[12] die Kulturideale Gustav Landauers und Kropotkins,[13] von letzterem in besonderem Maße die Vorschläge zur Neugestaltung der Gesellschaft auf ökonomischer Ebene.[14]

Die Unterschiede:

Unterscheidungskriterien der Lokalisten/Syndikalisten zu den Zentralverbänden:

Zentralverbände	FVDG
Organisationsform: zentralistisch,	Organisationsform: föderalistisch,
Unselbständigkeit der Ortsvereine,	Selbständigkeit der Ortsvereine,
der Hauptvorstand verwaltet das Geld,	der Ortsverein verwaltet das Geld,
die Streiks müssen vorher angemeldet werden,	jede Organisation hat jederzeit Streikrecht,
Hauptvorstand kann Streiks verhindern/Abbrechen,	die Mitglieder üben gegenseitige Solidarität,
die Streiks sind meist Abwehrkämpfe,	die Streiks sind meist Angriffskämpfe,
die Verbände vertreten Berufsinteressen,	sie vertritt Klasseninteressen,
Zentralverbände beruhen auf Vertretungssystem,	sie empfiehlt direkte Aktionen,
die Verbände erhalten und gewinnen ihre Mitglieder aufgrund der Kranken-, Arbeitslosen-, Sterbeunterstützung usw,	Sie propagiert und zahlt nur Streik- und Gemaßregelten- Unterstützung,
die Zentralverbände erstreben Reformen innerhalb der kapitalistischen Wirtschaftsordnung,	sie propagiert die revolutionären Kampfmittel zum Sturz des Kapitalismus,
die Verbände betreiben die ausgedehnteste Tarifpolitik,	sie will nicht den Frieden, sondern den Kampf gegen das Unternehmertum,
die Verbände sind Anhänger des Kleinstreiks,	sie verficht die Idee des Massen- und Generalstreiks,
die Zentralverbände erstreben militärische Reformen.	sie bekämpft den Militarismus grundsätzlich.(49)

Mit Beginn des Ersten Weltkrieges im Jahre 1914 fügten sich die zentralistisch organisierten Gewerkschaften dem Kriegswillen von Wirtschaftsvertretern und Politik. Die *„Generalkommission"* befürwortete die Kriegskredite, das Hilfsdienstgesetz, sowie ein generelles Streikverbot. Der „Burgfrieden" zwischen den Interessenvertretungen war geschlossen. Dass die Reichsregierung die syndikalistische Bewegung trotz ihrer numerischen Schwäche ernst nahm, zeigt sich daran, dass sogleich mit Kriegsbeginn deren Organe *„Der Pionier"* und *„Die Einigkeit"* verboten wurden, des weiteren in den folgenden Jahren zwei weitere, interne Periodika. Während sozialdemokratische Organe weiter erscheinen durften, wurden führende Aktivisten der FVDG in *„Schutzhaft"* genommen oder zum Kriegsdienst eingezogen.

Nach dem Kriegsende und beflügelt von der Novemberrevolution 1918 suchten viele von der Sozialdemokratie enttäuschte Arbeiter nach Alternativen und fanden sie in den zahlreichen unionistischen, linkskommunistischen und syndikalistischen Organisationen. Letztere wuchsen in den Folgejahren zu Massenorganisationen heran, die FVDG verzehnfachte die Mitgliederzahl auf 60.000. Im Ruhrbergbau kam es 1919 kurzfristig zu umfangreichen Sozialisierungen von Schlüsselindustrien, bis diese Formen von Arbeiterselbstverwaltung durch die Regierungstruppen militärisch aufgelöst wurden. Auf ihrem

12. Reichskongress Ende 1919 benannte sich die FVDG um in *„Freie Arbeiter-Union Deutschlands"* (FAUD). Sie war inzwischen auf über 110.000 Mitglieder angewachsen, nicht zuletzt, weil es an Rhein und Ruhr zu erfolgreichen Einigungsverhandlungen mit den Bergarbeiter-Unionen kam. Auf diesem Kongress gab sich die Organisation neue, feste Arbeitsgrundlagen, zum einen ein Statut und zum anderen die von Rudolf Rocker ausgearbeitete *„Prinzipienerklärung des Syndikalismus"*. Das Organisationsmodell fasste Rudolf Rocker, ein Protagonist der internationalen anarcho-syndikalistischen Arbeiterbewegung, dort mit diesen Worten zusammen:

„Die Syndikalisten [...] sind prinzipielle Gegner jeder Monopolwirtschaft. Sie erstreben die Vergesellschaftung des Bodens, der Arbeitsinstrumente, der Rohstoffe und aller sozialen Reichtümer; die Reorganisation des gesamten Wirtschaftslebens auf der Basis des freien, d.h. des staatenlosen Kommunismus, der in der Devise: ‚jeder nach seinen Fähigkeiten, jeder nach seinen Bedürfnissen!' seinen Ausdruck findet."

Weiter führt Rocker aus, dass die *„Syndikalisten der Überzeugung sind, daß die Organisation einer sozialistischen Wirtschaftsordnung nicht durch Regierungsbeschlüsse und Dekrete geregelt werden kann, sondern nur durch den Zusammenschluß aller Kopf- und Handarbeiter in jedem besonderen Produktionszweige: durch die Übernahme der Verwaltung jedes einzelnen Betriebes durch die Produzenten selbst und zwar in der Form, daß die einzelnen Gruppen, Betriebe und Produktionszweige selbständige Glieder des allgemeinen Wirtschaftsorganismus sind, die auf Grund gegenseitiger und freier Vereinbarungen die Gesamtproduktion und die allgemeine Verteilung planmäßig gestalten im Interesse der Allgemeinheit. [...] An jedem Ort schließen sich die Arbeiter der revolutionären Gewerkschaft ihrer resp. Berufe an, die keiner Zentrale unterstellt ist, ihre eigenen Gelder verwaltet und über vollständige Selbstbestimmung verfügt. Die Gewerkschaften der verschiedenen Berufe vereinigen sich an jedem Orte in der Arbeiterbörse, dem Mittelpunkt der lokalen gewerkschaftlichen Tätigkeit und der revolutionären Propaganda. Sämtliche Arbeiterbörsen des Landes vereinigen sich in der Allgemeinen Föderation der Arbeiterbörsen, um ihre Kräfte in allgemeinen Unternehmungen zusammenfassen zu können. Außerdem ist jede Gewerkschaft noch föderativ verbunden mit sämtlichen Gewerkschaften desselben Berufs im ganzen Lande und diese wieder mit den verwandten Berufen, die sich zu großen allgemeinen Industrieverbänden zusammenschließen. Auf diese Weise bilden die Föderation der Arbeiterbörsen und die Föderation der Industrieverbände die beiden Pole, um die sich das ganze gewerkschaftliche Leben dreht. Würden nun bei einer siegreichen Revolution die Arbeiter vor das Problem des sozialistischen Aufbaues gestellt, so würde sich jede Arbeiterbörse in eine Art lokales statistisches Büro verwandeln und sämtliche Häuser, Lebensmittel, Kleider usw. unter ihre Verwaltung nehmen. Die Arbeiterbörse hätte die Aufgabe, den Konsum zu organisieren und durch die Allgemeine Föderation der Arbeiterbörsen wäre* *man dann leicht imstande, den Gesamtverbrauch des Landes zu berechnen und auf die einfachste Art organisieren zu können. Die Industrieverbände ihrerseits hätten die Aufgabe, durch die lokalen Organe und mit Hilfe der Betriebsräte sämtliche vorhandenen Produktionsmittel, Rohstoffe usw. unter ihre Verwaltung zu nehmen und die einzelnen Produktionsgruppen und Betriebe mit allem Notwendigen zu versorgen. Mit einem Worte: Organisation der Betriebe und Werkstätten durch die Betriebsräte; Organisation der allgemeinen Produktion durch die industriellen und landwirtschaftlichen Verbände; Organisation des Konsums durch die Arbeiterbörsen."*[15]

Damit verfügte die Organisation über eine moderne und zeitgemäße „Verfassung". Eine dezidierte, auf einzelne Industrien und Lebensbereiche ausgedehnte Ausarbeitung fand das syndikalistische Programm im Jahre 1923 mit den Richtlinien *„Die Arbeiterbörsen des Syndikalismus"*, verfasst von Franz Barwich im Auftrage der *„Studienkommission der Berliner Arbeiterbörsen"*.[16] Organisatorisch abzudecken seien insgesamt 12 Industriebereiche. Real schufen die Syndikalisten in den folgenden Jahren jedoch nur sechs von ihnen: Bau-, Metall-, Holz-, Textil-, Verkehrs- und Bergarbeiterföderation, die sich jeweils eine Satzung gaben und eine Geschäftsleitung wählten. Die übrigen Mitglieder fassten sich in *„Vereinigungen aller Berufe"* zusammen. Auf geographischer Ebene (Kreis, Provinz und Land) vereinigten sich diese Berufsföderationen in den Arbeiterbörsen. Sie bildeten das Pendant zur reinen Gewerkschaftsorganisation und waren zuständig für: „1. Agitation und Propaganda, 2. Bildung und Schulung der Mitglieder, 3. Organisierung und Durchführung der Aktionen aller in der Börse zusammengefassten Gewerkschaften und zugleich Unterstützung aller Bestrebungen, die den Zielen des Syndikalismus parallel laufen, 4. Vorbereitung von Maßnahmen zur Durchführung der zukünftigen Wirtschafts-Organisation, 5. Gewinnung der Frauen für die syndikalistische Weltanschauung, 6. Beachtung der Jugendbewegung zwecks Erziehung des syndikalistischen Nachwuchses. Um allen diesen Aufgaben gerecht werden zu können, sollen verschiedene Kommissionen innerhalb jeder Arbeitsbörse gebildet werden, deren Wirkungskreis sich auf eine dieser Pflichten erstreckt. Durch die Zusammenarbeit der Börsen in der Föderation der Arbeitsbörsen

und durch den Austausch von Erfahrungen auf besonderen Konferenzen soll die Lösung der Aufgaben erleichtert und gefördert werden."[17]

Ihren Höchststand erreichte die FAUD 1921 mit etwa 150.000 Mitgliedern, die Zeitung *„Der Syndikalist"*, Nachfolger der *„Einigkeit"*, zählte eine Auflage von 120.000 Exemplaren.

Mitgliedszahlen von FVDG und FAUD

1914	7.000	1925	25.000
1918	60.000	1926	21.000
1919	111.675	1927	12.000
1920	150.000	1928	10.000
1921	100.561	1929	10.000
1922	100.000 – 62.000	1930	9.544
1923	30.000	1931	6.620
1924	28.000	1932	4.307

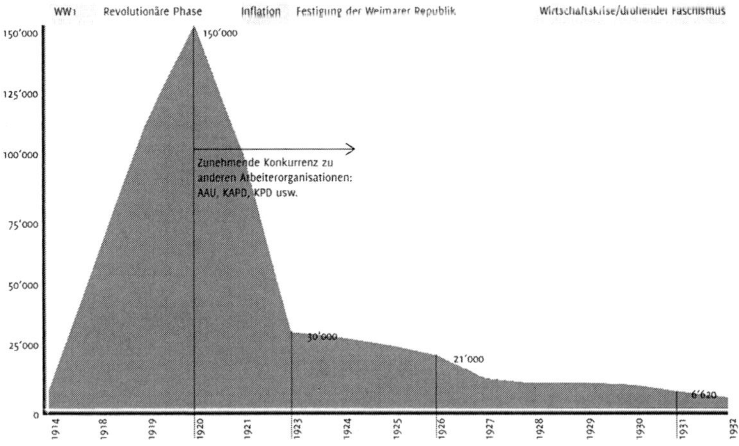

In der Tradition der *„Ersten Internationale"* von 1864 gründete sich unter maßgeblicher Beteiligung deutscher Syndikalisten in Berlin im Jahre 1922 die *„Internationale Arbeiter-Assoziation"* (IAA). Ihre Sektionen, vor allem in Europa und Südamerika ansässig, vertraten rund eine Million Mitglieder. In das Sekretariat mit Sitz in Berlin wurden Rudolf Rocker, Augustin Souchy und Alexander Schapiro gewählt. Dieser internationale Zusammenschluß konstituierte sich nicht zuletzt deshalb, damit die syndikalistischen Organisationen nicht von der Moskauer Roten Gewerkschafts-Internationale absorbiert würden.(18)

Größeren gewerkschaftlichen Einfluß erlangte die Organisation in Deutschland jedoch nur auf lokaler Ebene, so im Ruhrgebiet, in Thüringen oder in Berlin. Sie waren numerisch zu schwach, um sich flächendeckend gegen die mächtigen Zentralverbände behaupten, geschweige denn, genügend Druck auf die kapitalistischen Verhältnisse ausüben zu können. Das Ziel, auf föderalistischer Grundlage eine klassenlose Gesellschaft zu erlangen, rückte seit 1923 in weite Ferne. Das hatte vielschichtige Ursachen. Um auf die reaktionären Traditionen der damaligen Gesellschaft samt ihrer Kulturdefizite aus anarcho-syndikalistischer Sicht einzugehen, fehlt hier der Platz, genannt seien die Stichworte: Untertanengeist, Kirchenglaube, einsetzende Verbürgerlichung proletarischer Schichten und patriarchale Strukturen. Ein zeitgenössisches Zitat bringt es so auf den Punkt:

„Deutschland, das klassische Land des Kommißstiefels, ist wohl das Land, in dem die ungünstigsten Wachstumsverhältnisse für freie sozialistische Ideengänge vorhanden sind. Die jetzt lebende erwachsene Generation wurde geboren in einer Zeit, in der die Lehre der Notwendigen und bedingungslosen Unterordnung unter einen bestimmten Zentralwillen, dem werdenden Menschen schon im Leibe der Mutter als Erbe der Vergangenheit geschenkt wurde. Das freie Wollen ist darum diesen Menschen unbekannt. Die staatlichen Erziehungsmethoden taten noch ein übriges und sorgten dafür, dass auch die geringsten freiheitlichen Regungen im Keime verderben mussten. Da nun aber diese künstlich entmannten Wesen wieder Kinder erzeugten, denen sie das Erbe der Vergangenheit auch wieder schenkten, wurde schon die junge Generation von dem alten Sklavengeist angefressen."(19)

Welche Wirkungen dies speziell auf die Arbeiterschaft hatte, ergänzte Franz Gampe:

„(...) Die Gründe der Wirtschaftskrisen in Deutschland sind darin zu suchen, dass der deutsche Prolet, wie auch im gesamten Ausland bekannt ist, sich als Lohndrücker erweist. Der deutsche Prolet ist vom Kapital gut dressiert. Wie in einem Zirkus die Tiere ihre Sprünge machen, wenn der Dompteur mit der Peitsche knallt, so auch der deutsche Prolet, wenn der Kapitalist die Peitsche schwingt. Auch der Prolet macht seinen Salto, aber immer tiefer ins Elend hinein.

Eine Besserung ist in Deutschland nur zu erreichen, wenn der Arbeiter denken lernt. Wir Anarcho-Syndikalisten müssen dafür sorgen, dass sich innerhalb der Arbeiterschaft eine geistige Umstellung vollzieht. Die zentralistischen Gewerkschaften helfen dem Arbeiter nicht, denn sonst würden wir 8 Jahre nach der sogen. Revolution, besser gesagt nach dem Zusammenbruch nicht in solch grenzenloses Elend hineingeraten sein. Wir Syndikalisten haben immer den Gedanken des Generalstreiks vertreten, trotzdem die zentralistischen Gewerkschaftsführer und kommunistischen Parteigrößen den Generalstreik als Generalunsinn erklärten. Der deutsche Michel ist immer noch gewohnt, Befehlen zu gehorchen."[20]

Ein Hauptgrund für das Stagnieren und Abflauen der anarcho-syndikalistischen Arbeiterbewegung lag im Fehlen eines „gut durchgebildeten Funktionärskörpers". Die Zeit zwischen der revolutionären Nachkriegsstimmung und der einsetzenden Restauration kapitalistischer Verhältnisse war für die Herausbildung eines solchen „Funktionärsapparates" zu kurz. Die in Massen der Organisation beitretenden Neumitglieder des Typus „Massenarbeiter" konnten zu 90 Prozent nicht integriert werden und verließen die FAUD innerhalb weniger Jahre wieder, meistens in Richtung kommunistischer und zentralgewerkschaftlicher Organisationen. Denn nicht das Mitgliedsbuch war entscheidend, sondern die Identifikation mit der Idee, die tiefere Überzeugung, mit syndikalistischen Methoden die Arbeits- und Lebensbedingungen zu verbessern. Diese Gründlichkeit im Wachstum einer Bewegung brachte Rudolf Rocker im Jahre 1919 auf den Punkt:

„Auch die Freie Vereinigung deutscher Gewerkschaften hat eine lange aber konsequente Entwicklung durchmachen müssen, ehe sie sich von den sozialdemokratischen Irrgängen freimachte und folgerichtig zum Syndikalismus kam. Offen gesagt, freue ich mich darüber, dass dieser Entwicklungsgang so langsam vonstatten gegangen ist. Die schnellen Entwicklungen taugen in der Regel nicht viel. Es gilt da dasselbe, wie beim einzelnen Menschen. Ein einzelner Mensch, der von einem Grundsatz schnell zum anderen überspringen kann, an dem ist meist nicht viel gelegen, aber wer sich schwer zu einer anderen Ansicht durchringt, von dem können wir eher voraussetzen, dass das Neue ihm ernst ist. So ist es auch mit der syndikalistischen Bewegung in Deutschland."[21]

Die Schwierigkeiten, mit denen die Bewegung konfrontiert gewesen ist, sind so vielschichtig und miteinander verästelt, dass sie in diesem einleitenden Kapitel lediglich skizziert werden können. Speziell für das Jahr 1923 kamen mehrere Gründe in sehr geballter Form zusammen. An Rhein und Ruhr wurde die Organisation von der Ruhrbesetzung durch die alliierten Truppen belastet, und in vielen deutschen Provinzen errichtete die Reichsregierung im Winter 1923/24 durch ein *„Ermächtigungsgesetz"* eine kleine Diktatur gegenüber revolutionären

Organisationen, die zu Verboten, Haussuchungen und Inhaftierungen auch von Anarcho-Syndikalisten führte. Die größte Auswirkung jedoch, die zum Mitgliederschwund führte, war die schon im Jahre zuvor einsetzende Inflation. Mitglieder sparten an Mitgliedsbeiträgen und schieden somit automatisch aus der Organisation aus. Dies betraf alle Arbeiterorganisationen in mehr oder wenigen starkem Maße mit dem Unterschied, dass sich die großen Zentralverbände in den Folgejahren davon wieder erholen sollten. Warum nicht auch die Syndikalisten?

Während die Zentralverbände ihre Burgfriedenspolitik auch nach dem Ersten Weltkrieg fortsetzten und nach dem *„Stinnes-Legien-Abkommen"* in ihrer Tariffähigkeit gesetzlich anerkannt wurden, bedeutete dies für die FAUD eine lediglich taktische Frage. Dasselbe galt für ihre Stellung zu den gesetzlichen Betriebsräten. Durch diese gezielte Einbindungspolitik mit nichtrevolutionären Gewerkschaften wurden die Syndikalisten aus den Betrieben gedrängt. Nur in Ausnahmen gab es Betriebsgruppen, die diesen Bedingungen zu trotzen verstanden und weiterhin eigene Verträge mit den Kapitalisten aushandeln konnten. Darüber hinaus beklagten die syndikalistischen Betriebsgruppen allerorten den *„Terror der Zentralverbände"* ihnen gegenüber, nämlich die Strategie des sog. *„Organisationszwanges"*. Das bedeutete, dass in Betrieben nur arbeiten durfte, wer auch Mitglied einer Zentralgewerkschaft war. Andere galten als *„Unorganisierte"*. Gegenüber diesen strengte die Zentralgewerkschaft alle Kräfte an, dass die Geschäftsführung diese nicht einstellte oder wieder entließ. Das waren keine Ausnahmefälle, sondern gängige Methode und Praxis. Besaß die Zentralgewerkschaft im Betrieb keine gesetzlich abgeschirmte Macht für solche Maßnahmen, so rief sie ihre Mitglieder dazu auf, solange zu streiken, bis die Geschäftsführung die syndikalistischen Kollegen der Betriebe verwies. In der Regel jedoch entließen die Geschäftsführungen die revolutionären Arbeiter auch ohne Druck durch diese gewerkschaftlichen Sozialpartner, was besonders während der Rationalisierungsschübe seit Mitte der 1920er Jahre Auswirkungen zeigte.

Auf diese Weise gingen die großen sozialpartnerschaftlich orientierten Gewerkschaften gestärkt aus den Krisen des Jahres 1923 hervor, während andere Organisationen verkümmerten. Nur an Orten, wo die FAUD eine starke lokalistische Tradition besaß, so beispielsweise in Düsseldorf, Berlin, München oder Breslau, konnte sie diesem Druck standhalten, wenngleich nicht weiter entfalten. Juristisch besiegelt wurde diese betriebliche Rechtlosigkeit durch die Entscheidung des Reichsarbeitsgerichts aus dem Jahre 1930, die FAUD sei u.a. aufgrund ihres klassenkämpferischen und revolutionären Charakters nicht tariffähig.[(22)] Damit war sie keine Gewerkschaft im juristischen Sinne und genoß keinen gesetzlichen Schutz. An vielen Orten war die FAUD so schwach, dass nur unzureichende Streikunterstützung gezahlt werden konnte. Mitglieder standen deshalb vor der Wahl, in die Zentralverbände einzutreten oder als Streikbrecher weiter zu arbeiten. Viele derjenigen Mitglieder, die während der revolutionären Nachkriegsereignisse zur FAUD gestoßen waren, hatten eine große Affinität zu kommunistischen Organisationen. Und diese gaben verstärkt die Parole aus: „Hinein in die Zentralgewerkschaften!“. Gleichzeitig versuchte der Staat erfolgreich, den Klassenfrieden durch sozialstaatliche Maßnahmen herzustellen: Im Jahre 1927 wurde die Arbeitslosenversicherung eingeführt. Die Solidarität unter den Kollegen nahm deshalb ab, weil das System der Sozialpartnerschaftlichkeit und des Klassenfriedens in den 1920er Jahren immer mehr Akzeptanz fand. Eine gesetzliche Schlichtungsordnung wurde konstituiert, die bei zu kämpferischen Gewerkschaften die Tariffreiheit systematisch zu unterminieren verstand.

Als Alternative zu den Zentralverbänden bekam die FAUD in der zweiten Hälfte der 1920er Jahre noch Konkurrenz durch die *„Revolutionären Industrieverbände“*,[(23)] sowie seit Ende 1929 durch die *„Revolutionäre Gewerkschafts-Opposition“* (RGO) der KPD,[(24)] die mögliches Protestpotenzial absorbierten. Die ab 1929 einsetzende Wirtschaftskrise und die folgende Massenarbeitslosigkeit schwächte die Bewegung erneut. Nun wurden auch die größeren syndikalistischen Betriebsgruppen von Entlassungswellen bedroht. Der Beginn der 1930er Jahre kann charakterisiert werden durch eine sich formende Diktatur, bereits unter der Regierung Brüning. In diesem Jahr waren bereits zwei Drittel der FAUD-Mitglieder arbeitslos.[(25)] Und die Wohlfahrtsämter waren nicht selten von Sozialdemokraten besetzt, die den missliebigen Syndikalisten Schwierigkeiten machen konnten.

Neben diesen äußerlichen Faktoren spielten weitere innerorganisatorische Spannungen eine Rolle, die nicht als ursächlich, jedoch als Zusatzbelastung angesehen werden können: Organisationsintern entzündeten sich seit 1926 innerhalb der FAUD Streitigkeiten darüber, durch welche Instanzen Streiks unterstützt werden sollten: Durch die Industrieföderationen und deren Geschäftsleitungen oder durch die regionalen Strukturen, die in den *„Arbeiterbörsen“* zusammengefasst waren. Das führte zu Spannungen und Austritten gewichtiger und traditioneller Teile der Kernorganisation.

In vielen Orten kam es zur Abwendung von Betriebskämpfen und Hinwendung zu anarchistischen (Siedlungs-) Experimenten und Konsumgenossenschaften, was sich auch in der Organisationsnamensänderung von *„FAUD-Syndikalisten“* zu *„FAUD-Anarcho-Syndikalisten“* ausdrückte (1922). In manchen Regionen wurde aufgrund eines Reichskongressbeschlusses von 1921 eine rigide Ausschlußpraxis gegen einfache Partei- und Kirchenmitglieder betrieben nach dem Motto „Klein aber rein!“

Rudolf Rocker, Protagonist der internationalen anarcho-syndikalistischen Arbeiterbewegung, 1927 in Heilbronn.

Als die Nazibewegung zu Beginn der 1930er Jahre ihren steilen Aufschwung nahm, stand die syndikalistische Bewegung dieser bereits machtlos gegenüber, während es ihr während des Kapp-Putsches im Jahre 1920 zusammen mit anderen revolutionären Organisationen noch gelang, das Ruhrgebiet als Industriezentrum von den reaktionären Truppen zu befreien. Ein geschlossener Widerstand war ganz abhängig von der Sozialdemokratie, von der Streikbereitschaft innerhalb der Zentralverbände. Äußerlich blieb es kurz vor Hitlers Machtantritt bei Appellen zum Generalstreik. Das gesamte Dilemma fasste Rudolf Rocker rückwirkend so zusammen:

„Die Entartung der allgemeinen sozialistischen Bewegung war bereits zu weit fortgeschritten, als dass eine kleine und von den besten Absichten beseelte Minderheit dem Übel noch Einhalt gebieten konnte. Es war eben zu spät dazu, und die allgemeine Demoralisation und hoffnungslose Zersplitterung der Arbeiterbewegung war viel zu groß, als dass aus diesem Chaos von Parteihaß, gegenseitiger Feindseligkeit und allgemeiner Ideenverwirrung ein neuer Geist hätte entstehen können, um der vereinigten Reaktion die Stirn zu bieten.“[26]

Die Bedeutung des anarcho-syndikalistischen Widerstandes ließe sich in negativer Abgrenzung schon aus der Tatsache herleiten, dass die sozialdemokratischen „mächtigsten Arbeiterorganisationen der Welt“ den Faschismus in Deutschland an die Macht kommen und auch gewähren ließen. In Ermangelung von Perspektiven bereitete sich die FAUD entsprechend frühzeitig auf die Illegalität vor, zumal sie eine länger andauernde und rigoroser handelnde Diktatur vorausahnte. Sie erörterte, wie sie ihre Bestände sichern konnte, besonders durch die präventive Auflösung der Ortsvereine vor einem Verbot, und sie bereitete Fluchtrouten vor. Denn mit einem Generalstreik war nicht zu rechnen, eher noch mit einem erneuten Burgfrieden zwischen Zentralverbänden und kriegsvorbereitender Regierung.

II. Faschismus in der Theorie

Die anarcho-syndikalistische Faschismustheorie ist nur im Kontext der Entstehung der Bewegung zu erklären und zu verstehen. Zusammengefaßt ist der Anarcho-Syndikalismus in Deutschland nicht nur eine eigenständige Richtung innerhalb der Arbeiterbewegung, sondern auch eine Synthese zwischen revolutionärem Marxismus aus den Anfängen der Sozialdemokratie (Begründung der Ökonomie nach Karl Marx und Primat der Aktion auf ökonomischen Sektor - Klassenkampf), politökonomischen Innovationen Peter Kropotkins (Eroberung des Brotes), syndikalistischen Organisationsmodellen aus Frankreich (Pelloutier-Bourses du travail), der Generalstreiktheorien Siegfried Nachts („*Der soziale Generalstreik*", 1905) und Raphael Friedebergs („*Parlamentarismus und Generalstreik*", 1904), sowie dem anarchistischem Kulturverständnis Peter Kropotkins und Gustav Landauers. Der Anarcho-Syndikalismus lässt sich somit als Modifizierung verschiedener Grundformen von Arbeiterorganisation und revolutionärer Theorien verstehen, die auf dem lokalistischen Organisationsmodell basieren.

Dieser Entwicklungsgang wurzelte genuin in den Anfängen der sozialdemokratischen Arbeiterbewegung in Deutschland, war zu keinem Zeitpunkt eine Abspaltung, sondern die Fortführung lokalistischer Traditionen innerhalb der ersten Gewerkvereine des 19. Jahrhunderts. Diese jahrzehntelangen Erfahrungen führten zu einer eigenständigen Theoriebildung im Allgemeinen und später zum Thema Faschismus im Besonderen.

Zu bemerken ist zunächst, dass die Angewohnheit sowohl in den modernen Sozialwissenschaften als auch auf politischem Kampfterrain, verschiedene Analysemodelle in oftmals engstirniger Weise gegeneinander konkurrieren zu lassen, den Anarcho-Syndikalisten weitgehend fremd war. Ihnen ging es vorrangig nicht darum, mittels ihrer Analysen gegen andere Richtungen zu kämpfen und zu polemisieren, sie also gewissermaßen zweckzuentfremden. Diese offene Herangehensweise hatte zur Folge, dass der Anarcho-Syndikalismus eine multikausale Theorie entwerfen konnte, ohne bestimmte Erklärungsmuster und Schwerpunkte gegeneinander auszuspielen, wie es im vulgärwissenschaftlichen Dissens üblich war und ist.

Kritisierten sich die Ideologen aus SPD und KPD gegenseitig, so finden sich die jeweiligen Aspekte gesammelt in den Zeilen der Anarcho-Syndikalisten wieder. Die Sozialdemokratie wurde nicht mit dem Etikett „Faschismus" versehen, sondern als andere Seite der Medaille kapitalistischer Herrschaft charakterisiert. Sie konnte demnach als Steigbügelhalter des Faschismus angesehen werden, da sie die Bedingungen erst schuf, nämlich die systematische Schwächung der Kampfkraft der Arbeiterbewegung vor allem in kultureller/ mentaler Hinsicht. Die sozialdemokratischen Zentralverbände nahmen in aggressiver Weise eine gewisse Form von Terror bereits vorweg, indem sie auf regionaler Ebene die revolutionäre Arbeiterschaft und die Syndikalisten bis auf die Existenzgrundlage bekämpfte, um sie als Konkurrenz auszuschalten.(27)

Auf der anderen Seite formulierten die Anarcho-Syndikalisten strikt ihre Gegnerschaft zu allen Formen (diktatorischer) Herrschaft, so dass es nicht nur den Sozialdemokraten überlassen blieb, sich gleichermaßen gegen Faschismus wie Kommunismus zu stellen.(28) Aber auch hier gingen die Anarcho-Syndikalisten weiter, verfuhren weitaus gründlicher, indem sie unter den strukturellen Kernbedingungen von Faschismus jede Form von Zentralismus (Staat, Wirtschaftsmonopole, Kirche) verurteilten, lange bevor daraus ausgemachte Diktaturen entstanden. Damit leisteten die Anarcho-Syndikalisten eine umfassende Kritik, ohne den später üblichen Begriff *„Totalitarismus"* zu gebrauchen.

Aspekte auf sozial-psychologischer Ebene, wie sie etwas später die *„Frankfurter Schule"* (Max Horkheimer, Erich Fromm u.a.) zum Ausdruck brachten, wurden ebenso schon von anarcho-syndikalistischer Seite antizipiert. Der *„autoritäre Charakter"* und die Mentalität des Kleinbürgers bildeten einen Kernbereich anarcho-syndikalistischer Betrachtung. Der angenommene Zusammenhang zwischen Faschismus und Kapitalismus im Allgemeinen war jedoch, wie auch die anderen Aspekte kein Privileg bestimmter intellektueller Strömungen, sondern ein Kind der Zeit, wie es beispielsweise auch im Bereich der Literatur (Heinrich Mann: *„Der Untertan"*) festgehalten und vorzüglich pointiert worden ist.

Eine *„Sonderwegdebatte"*, wie sie in den Geschichtswissenschaften erst in den 1960er Jahren aufkam, war den Anarcho-Syndikalisten fremd. Für sie war klar, dass der aufkommende Faschismus in Deutschland seine Wurzeln im Militarismus preußischer Prägung hatte.(29) Es ist ihnen jedoch nicht in den Sinn gekommen, dieses in einem europäischen Kontext zu verabsolutieren. Stattdessen erkannten sie als Internationalisten in allen faschistischen Bewegungen die jeweiligen Eigenheiten und „Sonderwege", ohne sie in einer Art geistiger Onanie gegeneinander aufrechnen zu wollen.

Diese analytischen Teilaspekte, so betonten sie in ihren ausführlicheren Schriften, bedingen einander, stehen in einem Wechselverhältnis zueinander. Demnach ist der Faschismus das Resultat aus allen Kausalitäten, im Wesentlichen die Summe aus:

1. treibender militaristisch-chauvinistischer Geschichte und aggressiver

Dynamik (herausgearbeitet u.a. von Emil Julius Gumbel und Emil Ludwig),

2. sekundierenden Kapitalinteressen, den Gesetzen der Makroökonomie folgend bzw. Faschismus als aggressivste Form kapitalistischer Herrschaft (herausgearbeitet u.a. von Lenin und Dimitroff) und

3. den kulturellen-psychologischen Voraussetzungen als Gefügigmachung bzw. Schwächung möglicher Gegenkräfte und Bewegungen - *„Kadavergehorsam"* und *„Untertanenmentalität"*, hervorgerufen von faschistischen-konservativen Kräften über die sozialdemokratische bis hin zur kommunistischen Bewegung.

Je nach Ausarbeitung, mal auf wirtschaftswissenschaftlicher,(30) mal mehr auf literarisch-analytischer Grundlage, betonten die sehr sachkundigen anarcho-syndikalistischen Schriften mal die eine, mal die andere Komponente stärker. Nur die Kenntnis aller bedeutenden Beiträge und kleineren Aufsätze durch gründliches Quellenstudium ermöglicht es, ein Gesamtbild dieser Art herauszustellen.

Die Auswirkungen auf die Theorie- und Bewusstseinsbildung lassen sich auf individueller Ebene nur in einem Abgleich mit der jeweiligen Praxis vor Ort feststellen. Ich kann jedoch konstatieren, dass anarcho-syndikalistische Gruppen stets den multikausalen Zusammenhang mitdachten, auch wenn sie in ihren Darstellungen zum Thema bestimmte Aspekte betreffend durchaus Schwerpunkte setzten. Ausnahmen gab es örtlich bei jüngeren Aktivisten, die statt der Theoriebildung der Bewegung, der sie nominell angehörten, andere Thesen adaptierten. Dies war das Resultat nicht nur jugendspezifischer Indifferenz, sondern auch der Tatsache, dass aus dem Zerfall der alten syndikalistischen/lokalistischen Bewegung seit Mitte der 1920er Jahre sich regional weniger traditionsreiche Neugruppierungen etablierten.(31) Diese Betonung ist von Bedeutung, da bei der Betrachtung des anarcho-syndikalistischen Widerstandes ab 1933 im Einzelnen durchaus abweichende Positionen in der Beurteilung von Faschismus vorkommen konnten, deren Widerspruch somit deutlich wird und organisatorisch durch den föderalistischen Charakter der Bewegung legitimiert war. Die Kasseler FAUD übernahm z.B. eins zu eins den *„Sozialfaschismusbegriff"*, und der führende Aktivist Willi Paul stellte Jahrzehnte später fest, die anarcho-syndikalistischen *„Schwarzen Scharen"* vor Ort seien lediglich *„Anhängsel des RFB [Roter Frontkämpferbund]..."* gewesen.(32) In Mannheim gab es eine starke Strömung innerhalb der FAUD, die sich mit Beginn der 1930er Jahre auch organisatorisch der KPD annäherte.

Allgemein ist zu betonen, dass die Anarcho-Syndikalisten sehr sensibel und sehr früh auf faschistische Entwicklungen reagierten. Sie erkannten klar den antisemitischen Charakter der Nazis,[33] sprachen aber auch ohne dieses für den „Nationalsozialismus" kennzeichnende Element bereits der Regierung Brüning faschistische Züge zu, da sie den Unterschied demokratisch-kapitalistischer und faschistischer Herrschaft zuvorderst am Grade der Unterdrückung der Arbeiterklasse festmachten, also daran, wie sie selber in authentischer Weise Unterdrückung erlebten und beurteilen konnten. Diese Einschätzungen veranschaulichten sie in einer Fülle von Presseartikeln. Der „Stahlhelm" wurde bereits 1924 als „faschistisch" definiert.[34] Allein die Situation in Bayern nahm weit vor 1933 faschistische Züge an, die anarcho-syndikalistische Organisation war de facto verboten.[35] Auch die Tatsache, dass die beiden wichtigsten Zeitungen der FAUD, *„Der Syndikalist"* und *„Die Internationale"* bereits im Jahre 1932 verboten wurden, weist aus anarcho-syndikalistischer Sicht in praktischer Weise auf einen reibungslosen Übergang der Präsidialregierungen Brüning, Papen und Schleicher zu Hitler hin. Von elementarer Bedeutung für die Bekämpfung der revolutionären Gewerkschaftsbewegung war im Jahre 1930 auch die Entscheidung des Reichsarbeitsgerichtes, die FAUD nicht als tariffähig anzuerkennen, was die Legitimation der Repression und diktatorischen Verhältnissen auf betrieblicher Ebene förderte, unterstützt durch die Rechtsprechung und damit der polizeilichen und justiziellen Staatsorgane.[36]

Dass mit dem Hitlerfaschismus dennoch eine weitere schwerwiegende Zäsur der politischen Landschaft folgen könnte, wurde in weiten Kreisen anarcho-syndikalistischer Organisation vorausgesehen, wenn auch unterschiedlich gewichtet. Das zeigte sich besonders in den konkreten Fällen des Übergangs in die Illegalität, beispielsweise bei der Einschätzung von der Notwendigkeit des Vernichtens von Belastungsmaterial, in Fragen der Emigration und in vorauseilendem Auflösen ihrer Organisationen. Im Allgemeinen lässt sich jedoch sagen, dass sich die Anarcho-Syndikalisten frühzeitig und gut vorbereitet auf die Illegalität umstellten, wenngleich sie in einzelnen Fällen die Dimensionen und die Dynamik des Nazifaschismus leicht unterschätzten. Dass die Regierung Hitler innerhalb weniger Monate oder Jahre „abgewirtschaftet" haben würde, wie es sozialdemokratische und kommunistische Führungen prognostizierten, nahmen hingegen nur wenige Anarcho-Syndikalisten an. Ihre Analysen resultierten aus der Auswertung von Informationen aus erster Hand, da sie über ein umfangreiches internationales Korrespondentennetzwerk verfügten, was sie in die Lage versetzte, die Situation im Europäischen Kontext und darüber hinaus einzuschätzen. Der Faschismus war im Anmarsch (Ungarn 1919, Italien 1922, Spanien 1923, Portugal 1926, Argentinien 1930), und es war in ihren Augen nur eine Frage der Zeit, wann die „Republik von Weimar" dahingehend transformiert werden würde.

Wie sah die analytische Betrachtung des Phänomens „Faschismus" durch die Anarcho-Syndikalisten genau aus? So man das geschichtsphilosophische Hauptwerk Rudolf Rockers nicht als Form sehr tiefgründiger Analyse weit über das Phänomen Faschismus hinaus betrachten möchte, muß konstatiert werden, dass es keine in einem Werk zusammengefasste Faschismustheorie von anarcho-syndikalistischer Seite gab. Die Darstellung speist sich folglich aus verschiedenen Beiträgen profilierter anarcho-syndikalistischer Theoretiker in Artikel-, Broschüren- und Buchform.

Facetten anarcho-syndikalistischer Faschismusanalyse[37]

Die Faschismusanalyse der Anarcho-Syndikalisten ist so hintergründig und facettenreich, dass sie als solche oft nicht wahrgenommen wird. Es reicht hier nicht aus, nach einzelnen Mustererklärungen zu suchen, vielmehr muß man sich das anarcho-syndikalistische Gesamtwerk vor Augen führen, um die Denkungsart, sowie die Anschauungen erkennen zu können. Denn der Faschismus wurde von den Anarcho-Syndikalisten nicht als ein losgelöstes Problem betrachtet, sondern war nur Teil des Weltgeschehens und durch viele kausale Zusammenhänge auf verschiedenen Ebenen in dieses eingebettet. Dennoch fehlte ihnen nicht der Blick für die Besonderheiten des Nazifaschismus. Der wohl bedeutendste Vertreter und auch Theoretiker des internationalen Anarcho-Syndikalismus, Rudolf Rocker, schrieb richtungweisende Literatur. Seine Stellungnahmen zu verschiedenen Themen wurden in aller Regel bereitwillig aufgegriffen, seine Meinungen waren gefragt in unzähligen Angelegenheiten. So kam es, dass er in vielen Arbeiterzeitschriften veröffentlichte, und von ihm Broschüren und Bücher herausgegeben wurden. Sein Hauptwerk trug den Titel *„Nationalismus und Kultur"*, wurde von ihm 1933 fertig gestellt, kam jedoch wegen der Hitlerdiktatur und Rockers Exil erst 1936 in spanischer- und 1949 in deutscher Sprache unter dem Titel *„Die Entscheidung des Abendlandes"* heraus. Dies ist eine monumentale Zusammenfassung aller generellen Überlegungen Rockers in vielen Disziplinen. Für die Analyse des Faschismus und seine Ausgangsvoraussetzungen, seinen Nährboden ist dies eine wahre Fundgrube. Aufgrund des Charakters dieses Buches als Zusammenfassung repräsentativer Texte aus der internationalen anarcho-syndikalistischen Bewegung, können Rockers Gedanken als zentrales Kulturgut der Bewegung betrachtet werden. Er speiste sie seinerseits aus den Gedankengängen der Klassiker Proudhon, Bakunin, Kropotkin, aber auch Franz von Baader, Etienne de la Boetie, Goethe und anderen. So kam es zu einem reichhaltigen Fundus an freiheitlich-emanzipatorischer Literatur aus mehreren Jahrhunderten Geistesgeschichte, welche er selber stets mit der ihn und die Bewegung umgebenden Wirklichkeit maß. Seine Überlegungen stammen aus einer Zeit, in der die modernen Sozialwissenschaften noch in den Kinderschuhen steckten. Rockers sozialpsychologische

Analyse soll hier den Anfang machen, da in ihnen die wesentlichen und grundlegenden Ursachen autoritärer Bewegungen zu erkennen sind, danach folgt seine kulturhistorische Betrachtung, und am Schluß werde ich die politisch-ökonomischen Faktoren anhand der Texte Rockers und Gerhard Wartenbergs darstellen. Ergänzt wird das Ganze um die ebenso zeitgenössischen Artikel aus dem Organ „Der Syndikalist" um 1930. Damit werden viele Herangehensweisen nicht künstlich akademisch getrennt und gegeneinander ausgespielt, sondern jeder Ansatz hat seine Berechtigung in einer multikausalen Erklärungseinheit. Und im Zusammenwirken dieser verschiedenen Ursachen liegt der Grad der Unterdrückung begründet. Wirken sie optimal zusammen, kulminiert das gesellschaftliche Leben im Faschismus oder in ähnlichen diktatorischen Verhältnissen.

Politisch-ökonomische Komponenten(38)

Rocker sprach die Ansicht aus, dass sich die kapitalistische Ordnung auf staatlicher (wie auch auf gesellschaftlicher) Ebene deutlich gefestigt habe. Dafür gebe es im Wesentlichen zwei Ursachen: *1. die Expansion kapitalistischer Wirtschaft* und *2. die Gefügigkeit der Arbeiterklasse*.

1. Die Expansion kapitalistischer Wirtschaft liegt in ihrem Zwang zur Profitmaximierung begründet, die zu stetiger Überproduktion führe und somit zur notwendigen Eroberung immer weiterer Märkte. Ist die Produktion höher als die Aufnahmefähigkeit der Absatzgebiete, stockt der Absatz, und als Folge davon treten Krisenerscheinungen auf, wie Kurzarbeit, Arbeitslosigkeit und somit ein Sinken der Kaufkraft und der Investitionsbereitschaft. Überproduktion bei gleichzeitiger Verelendung ist ein charakteristisches Paradoxon kapitalistischer Ökonomie. Zerrüttet durch Krieg und getrennt durch Zollschranken sei Europa seit dem ersten Weltkrieg hinter den USA auf dem Weltmarkt ins Hintertreffen geraten. Während die Vereinigten Staaten von Amerika eine wirtschaftliche Einheit darstelle, zerfiel Europa in mehrere Dutzend Wirtschaftseinheiten. Die Rolle des „Weltbankiers" fiel insbesondere durch den für alle beteiligten europäischen Staaten materiell und finanziell verlustreichen Krieg den USA zu, und Rocker bezweifelte einen Wechsel in dieser weltwirtschaftlichen Rangordnung. Ein Mittel im Kampf um die internationale Vormachtstellung stellte die Rationalisierung (*„das Bestreben, die Produktion unter Aufwand möglichst geringer Kräfte denkbar ergiebig zu gestalten"*) der eigenen Volkswirtschaft dar.

2. Im weltweiten Maßstab sei besonders die deutsche Arbeiterschaft nahezu von Beginn an zentralistischen Arbeiterinstanzen unterworfen worden. Diese hätten durch kompromißlerische Bestrebungen die kapitalistische Wirtschaft mitsamt dem regulierenden Staatsgefüge von Konflikt zu Konflikt widerstandsfähiger gemacht und seien

schließlich sozialpartnerschaftlich zusammengewachsen. Bedeutende Gewerkschaftsführer wurden Reichstagsmitglieder und besetzten führende Positionen in der sozialdemokratischen Partei. Kulturell sei damit die Verbürgerlichung weiter Teile der Arbeiterschaft einhergegangen. Durch dieses System der Unterordnung, statt der Selbstverwaltung der Arbeiterklasse, sei jedes eigenständige, schöpferische und selbstbewusste Handeln unterbunden. So sei die *„Hauptursache aller Misserfolge in der administrativen und wirtschaftsorganisatorischen Unfähigkeit der Arbeiter zu suchen […], die innerhalb ihrer Gewerkverbände und politischen Parteien niemals für eine solche Aufgabe erzogen wurden.“*[39] Überhaupt habe sich die Verschiebung des Klassenkampfes von der wirtschaftlichen auf die politische Ebene zum Nachteil für die Arbeiterselbstverwaltung ausgewirkt, da die politisch-parlamentarische Form der Auseinandersetzung eine spezifisch bürgerliche Form des Kampfes sei. Statt politischer Arbeitskämpfe oder Solidaritätsstreiks propagierten die Zentralverbände reine Wirtschaftskämpfe (Lohnerhöhung, Verkürzung der Arbeitszeiten) und überließen die grundlegenden, die Systemfrage stellenden Streitpunkte dem bürgerlichen Parlament, das sich dem Klasseninteresse folgend natürlich hinter dem Weiterbestand der kapitalistischen Wirtschaftsordnung stellte und den Staat zum flexibel-sozialpartnerschaftlichen Sachverwalter ausbaute:

„Daher konnte die Revolution auch in diesem Falle nur eine Veränderung der politischen Formen bewirken und neuen Parteien zur Macht verhelfen, aber die Fundamente des wirtschaftlichen Organismus blieben unberührt, und alle praktischen Versuche auf diesem Gebiete scheiterten an dem Unvermögen der Arbeiter, die alles Heil von der neuen Staatsform erwarteten.“[40]

Zudem sei die Arbeiterschaft durch die unterschiedlichen Ansichten über Form und Ziel ihrer Kämpfe zerstritten. In Fortsetzung ihrer Burgfriedenspolitik mit der politischen Macht auf militärischer Ebene setzten sich die sozialdemokratisch dominierten Zentralverbände auch nach dem Krieg für eine durch Rationalisierung gestärkte Volkswirtschaft ein, um als nationaler Standort konkurrenzfähig zu sein, schlossen also abermals ein Bündnis mit der nationalen Bourgeoisie gegenüber der Arbeiterschaft weltweit. Der offen militärische Krieg wich dem globalen Wirtschaftskrieg, wobei, wie Rocker feststellte, die Arbeiterschaft auch auf diesem Gebiete das Nachsehen haben würde.[41] Die Zentralverbände erhofften sich jedoch irrigerweise *„eine Aera wirtschaftlicher Entspannung, die auch den Arbeitern zunutzen kommen müsse,“*[42] gekennzeichnet durch einen Rückgang der Arbeitslosigkeit, sowie einer Reduzierung der Binnenmarktpreise: *„Wohl können den Arbeitern unter Umständen kleine Annehmlichkeiten erwachsen, wenn die Bourgeoisie ihres Landes gewisse Vorteile über die eines anderen Landes erzielt; aber dies geschieht stets auf Kosten ihrer eigenen Befreiung und der wirtschaftlichen Bedrückung anderer Völker.“*[43] Die internationale Arbeiterbewegung werde wie schon zur Zeit des Weltkrieges durch diese nationale Allianz gespalten. Der Arbeiter des einen Landes wolle an der wirtschaftlichen Ausbeutung der Kollegen in anderen Ländern partizipieren, *„während sein Bruder jenseits der Grenze durch Arbeitslosigkeit und Herabdrückung seiner sozialen Lebenslage dafür bezahlen"* müsse.[(44)]

Charakteristisch für umfassende Rationalisierungsmaßnahmen sind nach Rocker:

„1. Die Bildung industrieller Kartelle oder Trusts zur Vereinfachung des allgemeinen Produktionsprozesses bestimmter Industrien und zur einheitlichen Gestaltung der Preise.
2. Die weitgehendste und durchgreifendste Mechanisierung des Arbeitsprozesses unter Anwendung aller erreichbaren technischen Hilfsmittel.
3. Die planmäßige Einstellung von Körper und Geist auf den Rhythmus der Maschine und die Bewegungen des laufenden Bandes (Taylor-System)."[(45)]

So verschärften sich gegen Ende der zwanziger Jahre die Rationalisierungsmaßnahmen deutlich, die neben der Mechanisierung der Arbeit und der daraus folgenden Stupidisierung des Arbeitsprozesses auch Lohnsenkungen und Arbeitslosigkeit zur Folge hatten.[(46)] Rocker zeigt neben den Rationalisierungsmaßnahmen auch die Mehrfachbelastung des deutschen Proletariats durch das einheitliche Vorgehen durch Vertreter von Staat, Wirtschaft und Landadel gegenüber der Arbeiterschaft während der Ruhrbesetzung und Fürstenentschädigung auf. Nicht tangiert habe die Rationalisierung dagegen die höheren Angestellten, Aufsichtsräte oder Direktoren. Während beispielsweise bei den Thyssen- Werken, der „Dortmunder Union" oder der „Gutehoffnungshütte" die Zahl der Arbeiter nach dem Kriege abnahm, stieg die Zahl der Direktoren, und mit ihnen auch ihre Gehälter merklich an. Die zunehmende Vertrustung leite eine neue Stufe in der Entwicklung des globalen Kapitalismus ein, aus der drei Wirtschaftseinheiten, nämlich Amerika, Europa und Asien (Rocker widmet der wirtschaftlichen Entwicklung Asiens ein eigenes Kapitel) hervorgingen. Den Ansichten innerhalb der marxistischen Arbeiterbewegung, dass die *„Entwicklung der Leistungsfähigkeit in der Produktion erst die richtige Garantie für die praktischen Durchführungsmöglichkeiten des Sozialismus"* schaffen würde, gar die Akkordarbeit in die richtige Richtung weisen würde, erteilte Rocker, der in seiner Analyse u.a. Proudhon und Kropotkin heranzieht, eine klare Absage:

„Was hilft sogar eine gesellschaftlich notwendige Arbeitszeit von wenigen Stunden am Tage, wenn sie der Mensch als lästige Pflicht empfindet, der er sich leider nicht entziehen kann? […] Es kommt letzten Endes durchaus nicht darauf an, welche Zeit ein Mensch produktiv beschäftigt ist, sondern welche

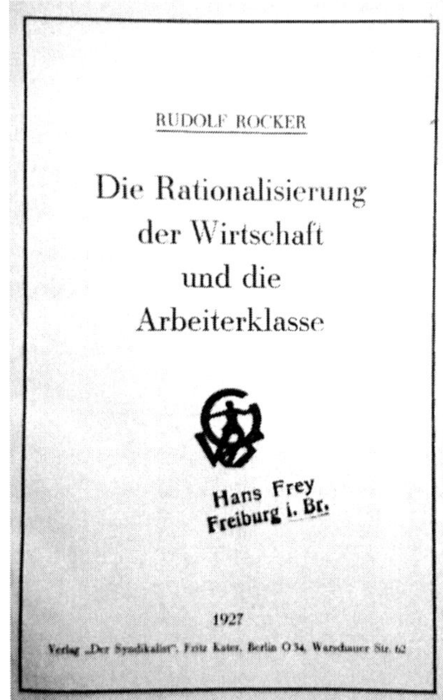

RUDOLF ROCKER

Die Rationalisierung der Wirtschaft und die Arbeiterklasse

Hans Frey Freiburg i. Br.

1927

Verlag „Der Syndikalist", Fritz Kater, Berlin O 34, Warschauer Str. 62

Eine grundlegende Schrift Rudolf Rockers zu Wirtschaft, Rationalisierung, Arbeitsbedingungen und der Frage, wem die Wirtschaft dienen soll.

Summe von Glück und innerer Zufriedenheit ihm seine Arbeit gewährt. [...] Das heutige Geschlecht ist so sehr in marxistischen Zwangsvorstellungen befangen, dass es überall nur ökonomische Notwendigkeiten und historische Missionen vor sich sieht und aus diesem Grunde für die tieferen seelischen Probleme des Sozialismus jedes Verständnis verloren hat."[47] Gerade das Beispiel der USA habe gezeigt, dass auch die bisher am weitesten gediehene Entwicklung der Produktionsverhältnisse den Sozialismus nicht vorangebracht habe: *„In keinem Land hat der Sozialismus bisher so wenig Boden gefasst, wie gerade in den Vereinigten Staaten, trotz des ungeheuren Aufschwungs der kapitalistischen Wirtschaft. Sollte uns dies keine Lehre sein, dass zur Verwirklichung des Sozialismus noch etwas anderes nötig ist, als die jeweiligen Produktionsverhältnisse? Uns will scheinen, dass zu Sozialismus vor allem eine klare Erkenntnis der Dinge, ein tief ausgeprägtes Gerechtigkeitsgefühl und der feste Wille, das Erkannte in die Tat umzusetzen, unumgänglich nötig sind. Aber gerade diese so notwendigen Voraussetzungen finden weder in dem öden Wirtschaftsfatalismus der Marxisten noch in dem politischen Schlagwörtertum der modernen Arbeiterparteien die zu ihrer Entwicklung so notwendige geistige Nahrung. Im Gegenteil, die freiheitsfeindlichen Tendenzen und die blinde Staatsgläubigkeit, die in der modernen Arbeiterbewegung immer stärker zum Durchbruch kommen, tragen sicher nicht dazu bei, die wahren Ziele des Sozialismus zu fördern. Vergessen wir nie: Der Sozialismus wird frei sein oder er wird nicht sein!"*[48]

Der Rationalisierungsprozess sei nicht als „nicht zu umgehende wirtschaftliche Notwendigkeit" anzusehen, sondern als Angriff auf Körper und Geist des Arbeiters. Der Mensch dürfe sich nicht zur Maschine degradieren lassen. Stattdessen habe er von Anfang an der Rationalisierung der Wirtschaft seinen Widerstand entgegenzusetzen und sich von dem Irrglauben zu lösen, die Maßnahmen kämen ihm zugute. Die Arbeiterschaft solle sich von der Vormundschaft durch die Zentralverbände befreien, da sie sonst ihr Zutrauen in ihre eigene verändernde Kraft verlören. Diese geeinte Kraft jedoch ist von existentieller Bedeutung für die Selbstbefreiung des Proletariats von der kapitalistischen Ökonomie, von der Klassenherrschaft. Statt in fatalistische Resignation zu verfallen und auf Zentralverbände und Parteien zu vertrauen, müsse sich die Arbeiterschaft selber föderalistisch und unabhängig organisieren. Eine der wichtigsten Grundeinsichten zur Schaffung einer bedarfsorientierten Wirtschaft formulierte Rocker so: *„Der Mensch ist schließlich nicht der Wirtschaft wegen da, sondern die Wirtschaft sollte ihm nur ein Mittel sein, sein Leben freier und angenehmer zu gestalten.“*(49) In einer freien Bedarfswirtschaft dagegen gebe es weder Überproduktion noch Krisenerscheinungen einschließlich Verelendungen. Die *„Arbeitseinheit, Dezentralisation der Industrien, Vereinigung von Industrie und Landwirtschaft und allseitige Erziehung des Menschen, die ihn zur körperlichen und geistigen Arbeit befähigt, das ist [...] die Grundlage und Voraussetzung eines praktischen und konstruktiven Sozialismus.“*(50) Der zunehmenden Internationalisierung der Unternehmer müsse die internationale Arbeitermacht entgegengestellt werden, die zur Durchsetzung ihrer Forderungen die Streiks auf alle wichtigen Industriezweige des Landes oder international auf den gleichen Industriezweig ausdehnen könne. Dies könne nur durch revolutionäre Wirtschaftsorganisationen geschehen unter Ausschaltung der Parteien und Zentralverbände.(51) Dringlichste Aufgabe sei aktuell der Kampf um die Verkürzung der Arbeitszeit, da die Zentralverbände sich gerade in dieser Hinsicht zurückhielten, und die Arbeitszeit stetig erhöht werde. Programmatisch und praktisch führte Rocker zum Kampf gegen die Rationalisierung folgendes aus: *„Jedesmal, wenn der Unternehmer durch Mechanisierung der Arbeit und gesteigerte Leistung des einzelnen Arbeiters die Ertragsfähigkeit der Produktion weiter in die Höhe schraubt, muß ihm klargemacht werden, dass der entstandene Vorteil ihm nicht allein zugute kommen darf, sondern dass auch der Arbeiter ein Äquivalent für seine gesteigerte Leistung erhalten muß, und zwar hauptsächlich in der Form einer Verminderung der bisherigen Arbeitszeit; so dass auf diese Weise nach jeder Steigerung der Produktion sozusagen automatisch eine Senkung der Arbeitsstunden eintreten müsste. Auf diese Art könnte die Verminderung der Arbeitszeit wohl auf das Problem der Arbeitslosigkeit einen entscheidenden Einfluß ausüben.“*(52)

Faschismus als Form bürgerlicher Herrschaft

Klar erkannten die Anarcho-Syndikalisten, dass das Kapital in seinen Expansionsbestrebungen Kriege führen muß bei gleichzeitiger Niederhaltung der Arbeiterschaft als lohnforderndem Kostenfaktor. Zur Sanierung der Wirtschaft bedienen sich die eigentlich Regierenden, die Wirtschaftsmonopolisten, verschiedener Regierungsformen: *„Die verschärfte Ausbeutung durch den Kapitalismus bedarf einer ihm genehmen*

Beherrschungsform. Seinem Wesen und seiner Entwicklung entsprechend muß sie heute monopolistisch, diktatorisch und faschistisch sein. Die demokratisch-parlamentarische Regierungsform war notwendig, um zu ihrer Zeit noch größeren politischen Gefahren zu steuern, die sich hätten aus der Revolution ergeben können. Sie war gut zu gebrauchen als Blitzableiter für die revolutionären Energien der Massen, aber heute hat diese Regierungsform für den Kapitalismus in Deutschland keinen Wert mehr. Er verlangt nach dem Mann mit der starken Hand, der durch ein Direktorium der Sachwalter der kapitalistischen Parasiten sein soll."[53] In diesem Sinne werde die faschistische Bewegung von der Industrie finanziert. Somit sei der Kampf gegen das Kapital gleichzeitig auch der Kampf gegen den Faschismus. Das Brüningsche Regierungssystem, das mittels Notverordnungen fast alle demokratischen Grundrechte außer Kraft gesetzt habe, müsse bereits als ein faschistisches bekämpft werden, da durch diese *„eine absolute politische Entrechtung und Versklavung des werktätigen Volkes vorgenommen werden"* solle.[54]

„Zur Sicherung des Kapitalismus gehören bei seinem derzeitigen Entwicklungsstande die Aufhebung der Sozial- und Arbeitsrechte, die Beseitigung der politischen Rechte und Freiheiten, sowie die Senkung der Arbeitslöhne auf ein Maß, das nicht einmal die Fristung des nackten Lebens gewährleistet. Die Notverordnungsdiktatur als ein Zustand des Halbfaschismus hat bereits bewiesen, welchen Weg die kapitalistische Interessenpolitik geht. Sie hat der Arbeiterklasse einen Vorgeschmack geliefert für das, was nach dem Sieg des Faschismus noch kommen wird. Die Beschränkung der politischen Rechte und Freiheiten, die Erhöhung der Beiträge bei gleichzeitiger Verminderung der Leistungen bei den Versicherungen, die Besteuerung der Kranken, die Streichung und Kürzung sämtlicher Renten, die Verschärfung der Schlichtungsbestimmungen, die Beseitigung des Mietrechts mit sozialem Einschlag, die gesetzliche Senkung der Löhne und Gehälter, die Erhöhung der Einfuhrzölle, usw."[55] Soweit stimmten die Syndikalisten mit der auf die ökonomischen Verhältnisse zentrierten Analyse beispielsweise kommunistischer Parteien überein. Doch gingen sie darüber noch weit hinaus, indem sie auch das Bewußtsein der Arbeiterschaft als maßgebenden Faktor erkannten.

Sozialpsychologische Komponenten[56]

Karl Wirtz fasste zusammen: *„Der Faschismus ist die Abwehr des Kleinbürgertums gegen seine Proletarisierung in der Niedergangsepoche des Kapitalismus. Zu gleicher Zeit ist der Faschismus Gralshüter des im Absterben begriffenen Kapitalismus. Unfähig, die sozialen Zusammenhänge zu erkennen und die Zwangsläufigkeit der Entwicklung zu begreifen, revoltiert das in seiner Entwicklung bedrohte Kleinbürgertum einerseits gegen seine Expropriation durch das Monopolkapital (das ist der Sinn der Losung: Brechung der Zinsknechtschaft!), andererseits gegen das aufstrebende Proletariat, auf*

DIE BEFREIUNG DER ARBEITERKLASSE MUSS DAS WERK DER ARBEITER SELBST SEIN!

Preis 15 Pfennige

XIII/49 BERLIN 5. Dez. 1931

DER SYNDIKALIST

hervorgegangen aus der „Einigkeit", die bei Kriegsausbruch am 5. August 1914 nach 18jährigem Bestehen verboten wurde

ORGAN DER FREIEN ARBEITER-UNION DEUTSCHLANDS (ANARCHO-SYNDIKALISTEN) ANGESCHLOSSEN AN DIE INTERNATIONALE ARBEITER-ASSOZIATION

NSDAP-Regierungsprogramm

Erschießen! – Feldgerichte! – Notverordnungen! – Zwangsarbeit! – Erschießen!

DIE BEFREIUNG DER ARBEITERKLASSE MUSS DAS WERK DER ARBEITER SELBST SEIN!

Preis 15 Pfennige

XIII/48 BERLIN 28. Nov. 1931

DER SYNDIKALIST

hervorgegangen aus der „Einigkeit", die bei Kriegsausbruch am 5. August 1914 nach 18jährigem Bestehen verboten wurde

ORGAN DER FREIEN ARBEITER-UNION DEUTSCHLANDS (ANARCHO-SYNDIKALISTEN) ANGESCHLOSSEN AN DIE INTERNATIONALE ARBEITER-ASSOZIATION

Reichsverfassung, Artikel 109

Alarm! Die Arbeiterschaft steht vor großen Entscheidungen!

DER ARBEITSLOSE

HERAUSGEGEBEN VON DER FREIEN ARBEITER-UNION DEUTSCHLANDS (ANARCHO-SYNDIKALISTEN) ANGESCHLOSSEN AN DIE INTERNATIONALE ARBEITER-ASSOZIATION

Militarisierung der Jugend

An das deutsche Proletariat

Arbeiter! Klassengenossen!

Kämpft gegen Klassenjustiz und Notverordnungen!

Die schamlose Lüge der Jugendertüchtigung

dessen Kosten sich das Kleinbürgertum zu retten sucht (Ständestaat!). Das ist soziologisch klar.“[(57)] Nationale Staaten sind nach Rocker *„politische Kirchengebilde“*. Und das *„sogenannte Nationalbewußtsein, das dem Menschen nicht angeboren, sondern anerzogen wird, ist eine religiöse Vorstellung; man ist Deutscher, Franzose oder Italiener, wie man Katholik, Protestant oder Jude ist.“* Religion ist die Einbildungskraft des Menschen, welche stets dieselbe geblieben sei, denn *„immer war es der Schein, dem das wirkliche Sein des Menschen als Opfer dargebracht wurde“*. Rocker versteht Religion dabei im weiteren Sinne: Angewandt auch auf Staaten und Herrscherdynastien, die sich mit dem Schein der Göttlichkeit umgaben, um durch den *„Glauben an die Unvermeidlichkeit der Macht“* seitens der Untertanen ihre eigene Autorität zu stabilisieren. Rocker zieht daraus den Schluß, dass jede Politik letztendlich Religion sei, die danach strebe, bei den Untertanen nicht bloß materielle, sondern auch geistige Abhängigkeit zu erlangen. Religion ist für Rocker ein *„beharrende[s] Prinzip in der Geschichte“*, welches den Geist des Menschen binde und sein Denken in bestimmte Formen zwänge, *„so dass er sich gewohnheitsmäßig für die Erhaltung des Überlieferten einsetzt und jeder Neuerung misstrauisch“* gegenüberstünde, einer Grundeigenschaft des Konservatismus. Die Furcht sei dabei der Antrieb des Menschen, an den *„alten Formen des Bestehenden“* festzuhalten. Jedem Regierungssystem, ohne Unterschied der Form, liegt nach Rocker *„ein gewisser theokratischer Charakter zugrunde“*.

Die Religion tritt im Laufe der Weltgeschichte immer stärker im Gewande staatlicher Unabdingbarkeit auf: *„Wie in der Religion Gott alles, der Mensch nichts ist, so ist in der Politik der Staat alles, der Untertan nichts.“* Genauso wie die Kirchen im Kampf um deren Psyche den gottgläubigen Menschen über Jahrhunderte einredeten, sie seien Sünder, so tut dies der Staat genauso, indem er dem Menschen immer wieder einredet, *„im Grunde seines Wesens mit den dunklen Trieben des geborenen Übeltäters behaftet“* zu sein, *„der nur durch das Gesetz des Staates auf den Pfad der offiziell festgelegten Tugend gelenkt werden könne.“* Mit seiner Aussage: *„Der Glaube an die Nichtigkeit und das Sündhafte des eigenen Daseins war von jeher das stärkste Fundament aller göttlichen und weltlichen Autorität […] Gebot und Gesetz sind nur verschiedene Ausdrücke desselben Begriffes“*, bringt Rocker seine These von der Gleichheit von Religion und Politik auf den Punkt. Im Faschismus als *„eine primitive religiöse Massenbewegung im politischen Gewande“* erreicht die politische Religiosität u.a. in der Staatsverehrung ihren Höhepunkt. Diese Tatsache und die hinzukommende Massenausbeutung trage dazu bei, *„alle natürlichen Beziehungen des Menschen zu seinen Mitmenschen systematisch“* [zu unterbinden] und das Einzelwesen gewaltsam aus dem Kreise einer Gemeinschaft zu reißen, indem er *„in allen Dingen als Vermittler auftritt und versucht, jeden auf dieselbe Norm zu bringen, die für seine Träger das Maß aller Dinge ist“*. *„Das Gefühl der sozialen Verbundenheit und die inneren Beziehungen von Mensch* *zu Mensch"*, die stets auf Freiwilligkeit basieren und den Bedürfnissen der Menschen entspringen, könne kein Staat erzwingen. Dagegen werde versucht, *„den mechanischen Menschen zu konstruieren…, Automaten in Menschengestalt, die sich auf eisernen Gliedern hin und her bewegen, gewisse Dienste verrichten…"* Das gilt für Rocker auch für den kapitalistischen Staat ohne faschistische Ausprägung, welcher somit eine Vorstufe zum Faschismus darstellt.

Die Nation, religiös verehrt und egal ob faschistisch oder nicht, kann *„alles verbergen: die nationale Fahne deckt jedes Unrecht, jede Unmenschlichkeit, jede Lüge, jede Schandtat, jedes Verbrechen. Die kollektive Verantwortlichkeit der Nation erstickt das Gerechtigkeitsempfinden des Einzelwesens und bringt den Menschen so weit, dass er begangenes Unrecht überhaupt übersieht, ja ihm dies sogar als verdienstvolle Tat erscheint, wenn es im Interesse der Nation begangen wird."* So würden *„alle technischen und wissenschaftlichen Errungenschaften in den Dienst des organisierten Massenmordes"* gestellt, die *„Jugend zu uniformierten Totschlägern"* erzogen, *„die Völker der geistlosen Tyrannei einer lebensfremden Bürokratie"* ausgeliefert, die *„Menschen von der Wiege bis zum Grabe unter Polizeiaufsicht"* gestellt, *„überall Gefängnisse und Zuchthäuser"* errichtet und *„jedes Land mit ganzen Armeen von Angebern und Spionen"* bevölkert. Es werde, um damit den *„Geist der Abhängigkeit"* zu stärken, ein System von Vorgesetzten und Untergebenen konstruiert. Diese *„fortgesetzte Bevormundung"* des Handelns habe die Menschen schwach und verantwortungslos gemacht, woraus letztendlich der *„Ruf nach dem Diktator"* entstanden sei als *„ein Beweis der inneren Haltlosigkeit und Schwäche"*: *„Weil man sich selber zu schwach fühlt, setzt man sein Heil an die Stärke des anderen; weil man selber zu feige oder zu eingeschüchtert ist, die eignen Hände zu regen, um seines Schicksals Schmied zu werden, vertraut man sein Schicksal anderen an."* Jeder Diktatur liegt nach Rocker somit ein *„auf die Spitze getriebenes Abhängigkeitsverhältnis"* zugrunde, das die schöpferischen Kräfte lähme, die *„sich nur in der Freiheit ungestört entfalten können"*. Hinter der Nation stehe jedoch nur das *„eigennützige Interesse machtlüsterner Politiker und beutelustiger Geschäftsleute."* Den Glauben *„an ein unvermeidliches Schicksal in der Vorstellungskraft des Menschen zu vertiefen"* war dabei *„das vornehmste Ziel von Machtpolitik."* Die *„Wundergläubigkeit"*, ein *„religiöser Massenwahn"* und ein *„primitives Anbetungsbedürfnis der Massen"*, verstärkt durch ihre Enttäuschung über die anderen Parteien, habe auch dem Hitlerfaschismus erst die Massenbasis geschaffen. Rocker betont: *„Der Staat kann Untertanen oder Bürger heranzüchten, doch kann er nie freie Menschen heranbilden, die ihre Angelegenheiten in die eigenen Hände nehmen, denn selbständiges Denken ist die größte Gefahr, die er zu fürchten hat."* Auch in Richtung Marxismus stellte Rocker fest: *„Man kann ein Volk nicht befreien, indem man es lediglich einer neuen und größeren Gewalt unterstellt und so den Kreislauf der Blindheit von neuem beginnt."* Vielmehr gelte es, *„den Menschen vom Fluche der Macht, vom Kannibalentum der Ausbeutung zu befreien, um alle schöpferischen Kräfte* *in ihm zu lösen, die seinem Leben fortgesetzt neuen Inhalt geben können."* Erst durch die Erlösung der Menschheit von Staat und Nation wachse die von Rocker definierte Gemeinschaft heran, die auf Freiheit und Selbstverantwortung basiert. Das wäre der tatsächliche Beginn eines *„neuen Menschentums"*. Abgeschafft werde der Zentralismus, einer der Hauptursachen von Unterdrückung und Faschismus, auch durch die parlamentarische Demokratie nicht: *„Weder die heutigen Wähler noch der Mann, der ihn angeblich vertritt, sind imstande, das ungeheure Räderwerk des politischen Zentralapparates völlig oder auch nur einigermaßen übersehen zu können. Jeder Abgeordnete ist fast täglich gezwungen, über Fragen entscheiden zu müssen, die er aus eigener Anschauung nicht kennt, und über deren Beurteilung er sich stets auf andere verlassen muß. Daß ein solches System notgedrungen zu den schlimmsten Missständen und Ungerechtigkeiten führen muß, ist unbestreitbar. Und da der einzelne Wähler aus demselben Grunde gar nicht mehr in der Lage ist, die Tätigkeit seines sogenannten Vertreters übersehen und kontrollieren zu können, so ist die Kaste der Berufspolitiker, von denen viele nur ihren eignen Vorteil im Auge haben, um so leichter imstande, im Trüben zu fischen, wodurch jeder moralischen Versumpfung Tür und Tor geöffnet wird."*

Kulturhistorische Komponenten in der Arbeiterbewegung

Nach Ansicht Rockers lagen den Arbeiterorganisationen in Deutschland entscheidende Geburtsfehler zugrunde.(58) Er veranschaulicht dies resümierend in seiner Schrift *„Absolutistische Gedankengänge im Sozialismus"*. Demnach gab Ferdinand Lassalle, Führer des 1863 gegründeten *„Allgemeinen Deutschen Arbeiter-Vereins"* (ADAV) die entscheidenden Impulse für den kommenden Weg der Arbeiterschaft. Lassalle war überzeugter Anhänger der Staatsidee überhaupt. Und er hatte letztlich einen größeren Einfluß auf die Sozialdemokratie als Karl Marx und Friedrich Engels, die das „Absterben" des Staates immerhin noch als Fernziel ausgaben: *„Von ihm erbten die deutschen Sozialisten ihre brünstige Staatsgläubigkeit und den größten Teil ihrer autoritären Bestrebungen. Von Marx übernehmen sie lediglich den ökonomischen Schicksalsglauben an die unüberwindliche Macht der wirtschaftlichen Verhältnisse und die Terminologie der Begriffe. [Lassalle] hat mit vollem Bewusstsein den Glauben an seine ‚historische Sendung' so tief in den Köpfen seiner kleinen Anhängerschaft verankert, dass sie mit schwärmerischer Begeisterung zu ihm aufblickten, wie zu einem neuen Messias, der alles Heil in seinen Händen trägt. […] Lassalle besaß alle Eigenschaften des Diktators, es fehlten ihm bloß die Umstände, aus denen die Diktatur hervorgeht."* Im ADAV hatte er diktatorische Vollmachten und entwickelte das *„Führerprinzip"*. Seine Wunschvorstellung bestand in einem *„sozialen Königtum"*, gestützt auf *„den Knauf des Schwertes"*. Hierin liegt auch seine Nähe zur Politik Bismarcks begründet.(59) Die Lehren von Marx und Engels, die sich von denen Lassalles deutlich unterschieden, hätten wegen ihrer *„mechanischen und fatalistischen*

Rudolf Rocker (Bildmitte) spricht um 1930 auf einer Kundgebung in Berlin.

Auffassung des geschichtlichen Geschehens" dennoch die Entwicklung der sozialistischen Gedankengänge insgesamt gelähmt. Der Staat müsse für eine Übergangsgesellschaft zum Kommunismus zunächst erhalten werden, um die Klassengegensätze durch die *„Diktatur des Proletariats"* aufzulösen. Dann werde der Staat an sich absterben und sich in Verwaltungseinheiten verwandeln. Innerhalb der Sozialdemokratie haben sich die Tendenzen Lassalles schließlich durchgesetzt, die marxistischen führten zu kommunistischen Staatsgründungen: *„Die Diktatur als ‚Befreiungsmittel' wird durch die Logik der Umstände stets zu einem Instrument der Unterdrückung und ersetzt jede alte Form der Sklaverei durch eine neue. Auch die ‚Diktatur des Proletariats' ist in Wirklichkeit nur eine Diktatur über das Proletariat, sogar wenn sie bloß als ein Provisorium oder als Übergangsperiode gedacht ist."*

In ihrem Kampf gegen die anarchistischen Ideen Bakunins und seiner Anhängerschaft vor allem in den romanischen Ländern agierten die Anhänger von Marx im Windschatten der kriegerischen Außenpolitik des Deutschen Reiches Frankreich gegenüber. Karl Marx kalkulierte 1870: *„Die Franzosen brauchen Prügel. Siegen die Preußen, so die Zentralisation der state power [Staatsgewalt], nützlich der Zentralisation der deutschen Arbeiterklasse. Das deutsche Übergewicht wird ferner den Schwerpunkt der westeuropäischen Arbeiterbewegung von Frankreich nach Deutschland verlegen, und man hat bloß die Bewegung von 1866 bis jetzt in beiden Ländern zu vergleichen, um zu sehen, dass die deutsche Arbeiterklasse theoretisch und organisatorisch der französischen überlegen ist. Ihr Übergewicht auf dem Welttheater über die französische wäre zugleich das Übergewicht unserer*

Theorie über die Proudhons etc.“[60] Der Sieg des Deutschen Reiches über Frankreich läutete tatsächlich die Vorherrschaft Lassalleanischer und Marx'scher Ideen innerhalb der europäischen Arbeiterbewegung ein, wie Rocker schreibt: *„Die lebendige, schöpferische und unbegrenzte Entwicklungsfähigkeit des Sozialismus wurde für die nächsten fünfzig Jahre durch einen verknöcherten Dogmatismus verdrängt, der anspruchsvoll als neue Wissenschaft in die Schranken trat, in Wirklichkeit aber nur auf einem Gewebe theologischer Spitzfindigkeiten und fatalistischer Trugschlüsse beruhte, die jedem wahrhaft sozialistischen Gedanken das Grab schaufelten.“* Hierin erblickte die anarcho-syndikalistische Bewegung eine der wesentlichen Ursachen für die Passivität der Arbeiterschaft in Deutschland. Sie hatten keine Tradition selbst erkämpfter, wesentlicher Verbesserungen. Sie warteten auf die Worte ihrer Führer, weil sie Eigeninitiative nicht von Grund auf erlernten, selbige ihnen nicht zum Wesenszug wurde. So konnte die *„Befreiung der Arbeiterklasse“* nicht zum Werk der Arbeiter selber werden, sondern lag wechselweise in den Händen der Staats- und Arbeiterführer.

Der Dichter und Anarchist Erich Mühsam charakterisierte in Einklang mit den Anarcho-Syndikalisten diese Gemengelage auf den Punkt gebracht, als *„Bismarxismus“*.[61] Ein Schwergewicht sollte nach den nun vorherrschenden Anschauungen auf die Eroberung der politischen Macht im Staate gelegt werden. Politische Parteien seien daher eine wichtige Stütze der Arbeiterschaft. Doch auch die sozialdemokratischen Gewerkschaften wurden streng hierarchisch gegliedert, ganz dem preußischem Vorbilde an Organisation, und *„der Sozialismus verlor immer mehr den Charakter eines neuen Kulturideals, das die Völker für die Ablösung der kapitalistischen Zivilisation geistig vorbereiten und praktisch befähigen sollte. […] Es wäre falsch, diese seltsame Umstellung lediglich als einen Verrat der Führer zu beurteilen, wie man dies häufig getan hat. In Wirklichkeit handelte es sich hier um ein allmähliches Hineinwachsen in die Gedankenwelt der alten Gesellschaft, das durch die praktische Betätigung der […] Arbeiterparteien bedingt war und sich notwendigerweise auf die geistige Einstellung ihrer politischen Träger auswirken musste. […] Sie wollten durch eine nationale Politik den Sozialismus erobern, aber was sie zu Wege brachten, war, dass die nationale Politik ihren Sozialismus eroberte.“*

Als die Macht nach dem Ersten Weltkrieg dann kurze Zeit in den Händen der Arbeiterschaft lag, wusste ihre überwältigende Mehrheit nichts besseres mit ihr anzufangen, als sie wieder in die Hände des Bürgertums zurückzugeben. So effektiv war die jahrzehntelange Sozialisation zur Passivität und zum Führerglauben. Nur in wenigen Orten musste das Bürgertum im Verein mit der SPD die ihnen unterstehenden Freikorps entsenden, um eine Revolution zu verhindern: Den größten Teil der Arbeiterschaft konnten sogar die Gräuel des Weltkrieges nicht zu konsequentem Handeln gegen die schuldige Bourgeoisie veranlassen.

In dieser Unterlassung sahen die Anarcho-Syndikalisten die Ursache für den Aufstieg der Hitlerfaschisten überhaupt begründet. Einhalt hätte nur durch eine föderalistisch strukturierte, durch den Mut der Persönlichkeit der Einzelnen getragene und entschlossene Arbeiterschaft geboten werden können, und zwar nicht erst im Jahre 1933, sondern, um den Faschismus als Waffe des Bürgertums gegen das Proletariat schon im Keim zu ersticken, bereits 1918/19, als sich das Deutsche Reich in Agonie befand. Die Weichen wurden weit vor 1933 gestellt, die Arbeiterschaft hätte grundsätzlich umdenken und rechtzeitig und selbstbewusst handeln müssen, um den Faschismus zu verhindern.

Die Rolle der Sozialdemokratie

Der Sozialdemokratischen Partei wurde abgesprochen, eine Vertretung der werktätigen Bevölkerung zu sein, da sie der arbeiterfeindlichen Politik jedweder Regierung das Wort rede. Ihre Führer erwiesen sich als willfährige Lakaien wirtschaftlich-kapitalistischer Notwendigkeiten auf Kosten der Arbeiterklasse. Die SPD wurde nicht als Teil der Arbeiterbewegung angesehen, sondern als *„der linke Flügel des Bürgertums"*.[(62)] Die ADGB-Gewerkschaften seien SPD-dominiert und daher ohne revolutionäre Energie. Ganz im Sinne sozialdemokratischer Anpassungspolitik würgen sie die eigentlichen Aufgaben einer Gewerkschaft, wie den Kampf um Lohnerhöhungen oder die Verbesserungen der Arbeitsbedingungen ab und verhinderten alle Bestrebungen gegen den Abbau sozialer und wirtschaftlicher Errungenschaften. Durch diese bewusste Passivität aber hätten sie dem aufkommenden Faschismus erst die Möglichkeiten gegeben, sich entfalten zu können.[(63)]

Da die Sozialdemokratie in Spanien weniger führend sei, würden sich die *„spanischen Noskes"* in Form von Kommunisten oder Sozialdemokraten an den spanischen anarcho-syndikalistischen Genossinnen und Genossen *„die Zähne ausbeißen"*.[(64)] Die Anarchisten und Anarcho-Syndikalisten in Katalonien, Andalusien und anderen Regionen Spaniens waren die einzigen, die aufgrund schwach ausgeprägter sozialdemokratischer und kommunistischer Organisationen offen bewaffnet gegen den in Europa aufziehenden Faschismus kämpften konnten.

III. Die anarcho-syndikalistische Widerstandsbewegung

Die Anarcho-Syndikalisten standen einer schier übermächtigen Allianz gegenüber, wie es der Delmenhorster Aktivist Wilhelm Schroers betonte:

„Die Menschen, die sich für soziale Gerechtigkeit einsetzen, wurden wie Verbrecher behandelt. Sie wurden von Unternehmern auf die Straße gesetzt. Durch eine gewisse Pressemeute verleumdet, von der Polizei gehetzt und von der dummen Masse nicht verstanden. […] Wo waren die Menschen, als wir sie riefen? Als wir auf den Marktplätzen der Städte und Ortschaften immer wieder zum Frieden gemahnten? Wir warfen unsere wenigen Pfennige zusammen und druckten Flugblätter des Friedens. [Der Gegner] hatte einen längeren Arm. Ihm standen zur Seite der Staat mit all seinen Einrichtungen wie Justiz, Polizei, Militär, Schule usw. Ihm zur Seite standen mächtige Wirtschaftsfaktoren wie Industrie und Junkertum. Ihm standen zur Seite eine mächtige Presse, das Radio und Kino. Es war ein Riesengegner, den wir uns ausgesucht haben."[(65)]
Er betonte auch, dass in solch einer gesellschaftlichen Stimmung und Normierung von Meinungen und Gedanken die Widerstandskämpfer nicht als edle Märtyrer aufgefasst wurden, sondern als Kriminelle.

Eine auf dem 19. FAUD-Reichskongress zu Ostern 1932 gefasste Resolution, *„Unsere Kampflosungen"*, beinhaltete neben einem Generalstreik *„zur Überwindung des Kapitalismus und zur Niederschlagung der Reaktion"*, desweiteren die Themenfelder und Etappenziele: Kampf gegen Rationalisierung, Einheitslöhne, Überwachung der Produktion durch die Arbeiterklasse, Erweiterung der Macht der Betriebsräte, Initiierung breiter Boykottbewegungen und die Organisation von Mieterstreiks.[(66)] In den Reihen der Anarcho-Syndikalisten formierte sich bereits ab 1929 eine kleine Minderheit als militante Arbeiterwehr, ähnlich dem sozialdemokratischen *„Reichsbanner Schwarz-Rot-Gold"* bzw. dem kommunistischen *„Roten Frontkämpferbund"*. Diese nannte sich *„Schwarze Scharen"*.[(67)]

Sowohl die FAUD als auch die KPD riefen für den Fall einer Naziregierung zum sofortigen Generalstreik auf, einer Waffe der Arbeiterschaft, die sich bereits im Jahre 1920 gegen den Kapp-Putsch bewährt hatte: *„Im Falle einer mehr oder weniger legalen Machtergreifung Hitlers fordert die FAUD den sofortigen Generalstreik, weil es darauf ankommt, den Faschismus zu hindern, sich den gesamten Staatsapparat zu unterwerfen."*[(68)] So lautete ein FAUD-Beschluß auf dem Reichskongress 1932.

Sowohl die Syndikalisten als auch die Kommunisten waren, um wirksam zu sein, jedoch auf die Streikbeschlüsse der Zentralgewerkschaften bzw.

der SPD angewiesen. Da es von dieser diesbezüglich keine Bestrebungen gab, zog die KPD ihren Aufruf zum Generalstreik eilig wieder zurück,[(69)] und die FAUD, welche es schon als utopisch einschätzte, den ADGB – Vorläufer des heutigen DGB – auch nur zu einem 24-stündigen Generalstreik bewegen zu können, hatte dazu mit ihren wenigen Tausend Mitgliedern keine Grundlage. Es ist nicht richtig, dass der Generalstreik und die Verhinderung des Naziregimes an der Uneinigkeit zwischen den Arbeiterorganisationen gescheitert waren, denn einzig die sozialdemokratischen Gewerkschaften hatten die tatsächliche Macht dazu!

Der Delmenhorster Anarcho-Syndikalist Wilhelm Schroers.

Die Einschätzung im *„Syndikalist"* lautete Ende 1932: *„Wer hat Brüning toleriert, Hindenburg gewählt, dem Zentrum Konzessionen über Konzessionen gemacht, die Konkordate abgeschlossen, der Schulreaktion Tor und Tür geöffnet, mit den Unternehmern paktiert, die ‚nationalen Belange' behütet? Herr Leipart, Ihre SPD und Gewerkschaften!! […] Heil Adolf! Brave Kerle, die Sozialdemokraten, sagten Hindenburg und Hugenberg. Besser kann eine nationalsozialistische Fassung auch nicht sein. Erst Bekenntnis zur Nation, und dann ein rosarot gefärbter Sozialismus. Keineswegs verfallen wir in den Fehler, alles in einen Topf werfen zu wollen. Die Nazioten haben nun mal einen anderen Gruß und eine andere Uniform als Schupo […] und Reichsbanner, aber die Gedankengänge sind dieselben, mithin können keine anderen Taten herauskommen."*[(70)]

Die Anarcho-Syndikalisten, die über die reaktionäre Tradition des ADGB aus eigener Erfahrung bestens informiert waren, ahnten, dass sich dieser keinem Streikaufruf anschließen würde, so formulierte der Anarcho-Syndikalist Augustin Souchy 1930: *„Die heute ‚freien' Gewerkschaften würden, wahrscheinlich unter Zustimmung der Führergarnituren, in offizielle Arbeitsgemeinschaften zwischen Unternehmern und Arbeitern nach italienischem Beispiel umgewandelt werden. Dabei braucht keine große Änderung mehr vor sich zu gehen, denn schon jetzt werden bei Konflikten zwischen Arbeitern und Unternehmern die Arbeiter auf gesetzlichem*

Wege zur Anerkennung des Schiedsspruches durch staatliche Schlichter gezwungen. Die sozialdemokratischen Gewerkschaften können sich dazu beglückwünschen, dem Faschismus den Weg zur wirtschaftlichen Vereinigung der Masse geebnet zu haben."[71]

Tatsächlich bereitete sich der ADGB darauf vor, sich mit dem Naziregime gutzustellen und unter Hitler weiterzuexistieren.[72] So hieß es im ADGB-Zentralorgan exemplarisch: „*Wir brauchen wahrhaftig nicht ,umzufallen', um zu bekennen, daß der Sieg des Nationalsozialismus, obwohl er im Kampf gegen eine Partei errungen wurde, die uns als Träger der sozialistischen Idee galt, auch unser Sieg ist, insofern die sozialistische Aufgabe heute der ganzen Nation gestellt ist.*"[73]

Diese Kollaboration scheiterte bekanntlich an der Eigensinnigkeit der Nazis, die die Zentralgewerkschaften dennoch am 2. Mai 1933 verboten. Die KPD war ganz auf ihre eigene Parteilinie fixiert, welche im Wesentlichen von der Moskauer Zentrale vorgegeben wurde. Nach streng zentralistischen Maßgaben baute die kommunistische Organisation ihr „*Zellensystem*" auf. Die illegale FAUD orientierte sich strikt an ihrer geographischen Aufteilung in der Weimarer Zeit. Auch aus diesen Gründen erfolgte im Großen keine Neuzusammensetzung von Widerstandsgruppen, denen sowohl Anarcho-Syndikalisten als auch KPD-Mitglieder hätten angehören können. Gegenüber den mit Polizeispitzeln durchsetzten Gruppen der KPD war die FAUD weitestgehend immun.[74] Das hatte zur Folge, dass sie auf reichsweiter Ebene nicht nur verhältnismäßig lange existieren konnte, sondern auch eigenständige und effektive Widerstandsaktivitäten entfaltete.

1. Die illegale Reichsleitung der FAUD

Nach der Machtübernahme durch das Regierungskabinett aus Nazis und Deutschnationalen am 30. Januar 1933 versuchte die FAUD-Geschäftskommission (GK) Bestände zu retten und Nebenorganisationen der anarcho-syndikalistischen Gewerkschaft, so beispielsweise den gewerkschaftseigenen „*ASY*"*-Verlag* oder die „*Gilde freiheitlicher Bücherfreunde*" (GFB) fortzuführen, den Bestand der letzteren zur Erfurter FAUD zu übergeben. Am 18. Februar 1933 wurde in Berlin unter der Redaktion des GK-Mitgliedes Gerhard Wartenberg noch die Nummer 7 der FAUD-Reichszeitung „*Arbeiter-Echo*" herausgegeben.[75]

Ein letztes legales publizistisches Lebenszeichen gab die FAUD Anfang März 1933 heraus mit der Broschüre „*Wohin?*". Darin plädierten die anarcho-syndikalistischen Autoren dafür, sich bei den Reichstagswahlen am 5. März 1933 der Stimme zu enthalten, und stattdessen den Klassenkampf zu forcieren: „*Schluß mit den Versuchen, andere Arbeiterorganisationen zu zerstören, dafür überall Bildung der gemeinsamen Kampffront von unten für ganz konkrete Aufgaben!*"[76]

Eine Gruppe der anarcho-syndikalistischen Arbeiterwehr *Schwarze Schar* am Vorabend einer Kundgebung im März 1929 im schlesischen Ratibor. Ganz rechts mit Hut steht der anarcho-syndikalistische Widerstandskämpfer Alfons Pilarksi.

Die NS-Verfolgungsbehörden bemerkten 1937 rückblickend: „*Da die FAUD nach und nach immer mehr in den Hintergrund getreten und die einzelnen Organisationsteile im Laufe der Regierungsstellung im Jahre 1933 in Deutschland sich von selbst auflösten, die Geschäftsräume aufgaben und ihre Vermögens- sowie Sachwerte beiseite brachten – erfolgte in den seltensten Fällen ein polizeiliches Einschreiten gegen diese. Es gelang daher der FAUD, erhebliche Vermögensteile für die Illegalität zu sichern. Die so der Beschlagnahme entzogenen Geld- und Sachwerte bildeten in der Folgezeit das wichtigste Mittel im Kampf gegen die nationalsozialistische Regierung.*“[77]

Der Bürgermeister der kleinen Stadt Katscher in der schlesischen Peripherie war ein pflichtbeflissener, eifriger Mann und als solcher streng hinter der dort regen anarcho-syndikalistischen Bewegung her. Nachdem die örtliche Polizei bei der FAUD, welche der „*Vorbereitung zum Hochverrat*“ dringend verdächtig erschien, „*wichtiges einschlägiges Belastungsmaterial*“ fand und dabei häufiger auf die Adresse der Berliner Geschäftskommission stieß, setzte sich der Bürgermeister am 4. März 1933 mit der Berliner Polizei in Verbindung und bat diese um Aufklärung.

Dadurch veranlasst durchsuchte die Polizei am 9. März 1933 in Berlin die Räume der FAUD-Geschäftskommission und des „*ASY*“-Verlages. Dabei wurden Reinhold Busch (Obmann der GK und Geschäftsführer des „*ASY*“-Verlags), Max Büttner (Kassierer der GK), Werner Henneberger (Leiter des „*ASY*“-Verlags und Obmann der GFB), Julius Hempel (von der Druckerei Janiszewski), Manoel

DIE BEFREIUNG DER ARBEITERKLASSE MUSS DAS WERK DER ARBEITER SELBST SEIN!

DER SYNDIKALIST

hervorgegangen aus der „Einigkeit", die bei Kriegsausbruch am 8. August 1914 nach 18 jährigem Bestehen verboten wurde

Verantwortlicher Redakteur: Theodor Philippens, Berlin • Verlag: Reinhold Busch, Berlin S 14, Märkisches Ufer 20 • Fernruf: F 7 Jannowitz 2783 • Postscheckkonto: Reinhold Busch, Berlin 426 68

Durch die Expedition monatlich für In- und Ausland 80 Pfg. • Nur Vorauszahlung! Postabonnement vierteljährlich 1,80 RM, monatlich 0,60 RM zuzüglich Bestellgeld

ORGAN DER FREIEN ARBEITER-UNION DEUTSCHLANDS (ANARCHO-SYNDIKALISTEN) ANGESCHLOSSEN AN DIE INTERNATIONALE ARBEITER-ASSOZIATION

„Der Syndikalist" wieder auf drei Monate verboten!

Der Polizeipräsident. Berlin, den 2. September 1932.

I^{2} S. 34^{60} / 204. 32.

Verbot.

Auf Grund des § 6 Abs. 1 Ziff. 2 der Verordnung des Reichspräsidenten gegen politische Ausschreitungen vom 14. Juni 1932 verbiete ich die in Berlin erscheinende Wochenzeitung

„Der Syndikalist"

einschließlich der Kopfblätter mit sofortiger Wirkung bis zum 2. Dezember 1932 einschließlich. Das Verbot umfaßt auch jede angeblich neue Druckschrift, die sich sachlich als die alte darstellt, oder als ihr Ersatz anzusehen ist.

Gegen das Verbot ist die Beschwerde zulässig; sie hat keine aufschiebende Wirkung. Die Beschwerde ist bei mir einzureichen.

Sollte von dem Beschwerderecht Gebrauch gemacht werden, so empfiehlt es sich zur Beschleunigung der Angelegenheit die Beschwerdeschrift in 5facher Ausfertigung vorzulegen.

Gründe:

In Nr. 35/XIV der Wochenschrift „Der Syndikalist" vom 3. September 1932 wird in dem Artikel „Der freie Arbeiter verboten" u. a. ausgeführt: „Das Verbot usw. gehört ganz in die Reihe faschistischer Willkürakte usw.". Hiermit wird zum Ausdruck gebracht, daß die Behörden auf Grund eines Gewaltaktes oder eines Staatsstreichs willkürlich gegen die Arbeiterpresse vorgehen. Weiter wird in dem Artikel „Die getretene Menschenwürde" die Reichsregierung beschimpft und böswillig verächtlich gemacht, indem dort ausgeführt wird, daß ein neues Junkerregime aufgemacht werden soll, das auf nackter Gewalt und Vergewaltigung ruhe. Weiter wird dort ausgeführt, daß die grundsätzlich neue Art der Staatsführung nicht davor zurückschrecke, sogar die Zwirnsfäden von Gesetzen zu durchbrechen. An anderer Stelle fährt der Artikel fort:

> **„Der Weg dieses Regimes ist weiter gekennzeichnet durch den Staatsstreich in Preußen, dessen Rechtmäßigkeit noch immer stark angezweifelt ist, dessen Begründung auf unwahren Behauptungen beruhte, dessen Durchführung mit nackter Gewalt erfolgte."**

Ferner wird behauptet: „Die Justiz dieses Systems ist durch und durch parteilich eingestellt". Hier wird der Justiz der Vorwurf gemacht, daß sie parteilich sei. In allen Fällen bedeuten die Ausführungen eine Beschimpfung und böswillige Verächtlichmachung im Sinne des § 6 Abs. 1 Ziff. 2 a. a. O.

Das Verbot ist hiernach gerechtfertigt.

Die Verbotsdauer ist mit Rücksicht auf die Gemeingefährlichkeit der Ausführungen angemessen. Durch eine Verwarnung oder amtliche Entgegnung kann der erstrebte Zweck nicht erreicht werden.

In Vertretung:

gez. von Werder.

Druck: A. Janiszewski GmbH, Berlin SO 36, Elisabethufer 28.

Information über das Verbot des *Syndikalist* im September 1932.

DIE BEFREIUNG
DER ARBEITERKLASSE
MUSS DAS WERK DER
ARBEITER SELBST
SEIN!

DER SYNDIKALIST

hervorgegangen aus der „Einigkeit" die bei Kriegsausbruch am 8. August 1914 nach 18 jährigem Bestehen verboten wurde

Verantwortlicher Redakteur: G. Wartenberg, Berlin * Verlag: Reinhold Busch, Berlin S 14, Märkisches Ufer 20 * Fernruf: F 7 Jannowitz 2763 * Postscheckkonto: Reinhold Busch, Berlin 426 89

Durch die Expedition monatlich für In- und Ausland 80 Pfg. * Nur Vorauszahlung! Postabonnement vierteljährlich 1,80 RM, monatlich 0,60 RM zuzüglich Bestellgeld

ORGAN DER FREIEN ARBEITER-UNION DEUTSCHLANDS
(ANARCHO-SYNDIKALISTEN)
ANGESCHLOSSEN AN DIE
INTERNATIONALE ARBEITER-ASSOZIATION

„Syndikalist" schon wieder auf drei Monate verboten!

Der Polizeipräsident.
I^a 60^{33}/29.

Berlin, den 23. November 1932.

Verbot.

Auf Grund des § 6 Ziff. 1 und 2 der Verordnung des Reichspräsidenten gegen politische Ausschreitungen vom 14. Juni 1932 (RGBl. I S. 297) verbiete ich die in Berlin erscheinende Zeitung

„Der Syndikalist",

Organ der Freien Arbeiter-Union Deutschlands (Anarcho-Syndikalisten), angeschlossen an die Internationale Arbeiter-Assoziation, mit Wirkung vom 23. November 1932 bis zum 23. Februar 1933 einschließlich.

Das Verbot umfaßt auch die in demselben Verlag erscheinenden Kopfblätter der Zeitung sowie auch jede angeblich neue Druckschrift, die sich sachlich als die alte darstellt oder als ihr Ersatz anzusehen ist.

Gegen das Verbot ist die Beschwerde zulässig. Sie hat keine aufschiebende Wirkung. Die Beschwerde ist bei mir einzulegen.

Sollte von dem Beschwerderecht Gebrauch gemacht werden, so empfiehlt es sich zur Beschleunigung der Anlegenheit, die Beschwerdeschrift in fünffacher Ausfertigung einzureichen.

Gründe:

Die Zeitung „Der Syndikalist" veröffentlicht in ihrer Nummer XIV/46 vom 19. 11. 1932 im Hauptblatt auf der ersten Seite unter der Überschrift „Gesetzlicher Mord" einen Artikel, in dem sie über den Kampf der Zollbeamten gegen Schmugglerbanden berichtet. Dabei soll an der holländischen Grenze ein 16 jähriger Junge beim Schmuggel erschossen und ein 30 jähriger Mann durch einen Schuß der Zollbeamten schwer verletzt worden sein. Die Zeitung schließt den Artikel mit den Worten:

> **„Wegen solchen Drecks erschießt man Menschen! Der Staat, der es tut, nennt sich christlich, sittlich. Der Staatsmord wird zur Kulturschande in Deutschland! Prolet, steh auf, miste aus! Weg mit den Mördern!"**

In der genannten Stelle wird zur gewaltsamen Beseitigung der bestehenden Staatsmacht aufgefordert. Ge-
waltsanwendung ist aber gesetzlich verboten. Mithin wird in der beanstandeten Stelle zum Ungehorsam gegen
Gesetze aufgefordert. Gleichzeitig enthalten die beanstandeten Sätze eine Beschimpfung im Sinne des § 6 Ziff. 2
der Verordnung vom 14. 6. 1932 der Organe und Behörden des Staates, da die unter den schwierigsten Verhältnissen ihre Pflicht tuenden Zollbeamten und schließlich die Zollbehörden zu Mördern gestempelt werden.
Mit Rücksicht auf das erst am 1. November abgelaufene Verbot der Zeitung ist die Verbotsdauer angemessen.

gez. Dr. Melcher

Für richtige Abschrift:
Klamke
Kanzleiassistent.

Druck: A. Janiszewski GmbH., Berlin SO 36, Elisabethufer 29

Information über das neuerliche Verbot des *Syndikalist* im November 1932.

DIE BEFREIUNG DER ARBEITERKLASSE MUSS DAS WERK DER ARBEITER SELBST SEIN!

Preis 15 Pfennige

XIII/50 BERLIN 12. Dez. 1931

DER SYNDIKALIST

hervorgegangen aus der „Einigkeit", die bei Kriegsausbruch am 5. August 1914 nach 18 jährigem Bestehen verboten wurde

Verantwortlicher Redakteur: Helmut Rüdiger, Berlin • Verlag: Reinhold Busch, Berlin S 14, Märkisches Ufer 20 • Fernruf: F 7 Jannowitz 2763 • Postscheckkonto: Reinhold Busch, Berlin 42866

Einzelnummer 15 Pfg. • Durch die Expedition unter Kreuzband monatlich für In- und Ausland 80 Pfg. • Postabonnement vierteljährlich 2,00 RM zuzüglich Bestellgeld

ORGAN DER FREIEN ARBEITER-UNION DEUTSCHLANDS (ANARCHO-SYNDIKALISTEN) ANGESCHLOSSEN AN DIE INTERNATIONALE ARBEITER-ASSOZIATION

Wieder beschlagnahmt!

Erst kürzlich wurde die Nummer 45 des „Syndikalist" beschlagnahmt, und zwar nicht nur in Preußen, wie das später von uns abgedruckte Beschlagnahmedokument besagt, sondern im ganzen Reich. Zwei ganze Nummern unseres Blattes ließen dann die Herren Severing und Grzesinski als Statthalter des Papstes in Preußen ruhig schlafen — dann griffen sie wieder zu. Die Nummer 48 des „Syndikalist" wurde am 1. Dezember in den Räumen der Redaktion be lagnahmt, nachdem man in Bayern und Württemberg bereits ebenso gegen sie vorgegangen war. Wir drucken hier die Beschlagnahmebegründung des Berliner Polizeipräsidenten ab und fordern auf, den ganzen Erguß genau zu lesen, denn hier kann man besser als durch die sogenannte „Reichsverfassung" erfahren, von wem die Staatsgewalt im Deutschen Reiche ausgeht:

Der Polizeipräsident in Berlin
Landeskriminalpolizeiamt (I)

Berlin C 25, Alexanderstr. 3/6.
I 2 31 71/4. 31.

An den Verlag Reinhold Busch,
Berlin S. 14,
Märkisches Ufer 20.

Berlin, den 30. November 1931.

Die in Ihrem Verlage erschienene und in der Druckerei A. Janiszewski GmbH., Berlin SO 36, Elisabeth-Ufer 29, hergestellte Druckschrift „Der Syndikalist" XII. 48 vom 28. November 1931 wird gemäß § 12 Abs. 1 in Verbindung mit § 1 Abs. 1 Ziffer 1, 2 und 3 der Verordnung des Reichspräsidenten zur Bekämpfung politischer Ausschreitungen vom 28. März 1931 und gemäß § 2 Abs. 1 der 2. Verordnung des Reichspräsidenten zur Bekämpfung politischer Ausschreitungen vom 10. August 1931 für den Bereich des Freistaates Preußen beschlagnahmt und eingezogen, weil in dem Artikel „Alarm! Die Arbeiterschaft steht vor großen Entscheidungen!" mit Bezug auf die angeblichen Ausführungen des Bischofs Dr. Schreiber eine Religions-Gesellschaft des öffentlichen Rechts und ihre Einrichtungen böswillig verächtlich gemacht werden, und durch die Ausführungen über die Bürgerkriegsrüstung der faschistischen Parteien sowie die Ausführungen in dem Artikel „Kritisches zur Parole des Mieterstreiks" in den Endausführungen „Eine so umfassende Art ist zugleich neben der Besetzung der Betriebe und dem Generalstreik Ausgangspunkt der sozialen Revolution" die öffentliche Sicherheit und Ordnung gefährdet wird.

In Vertretung:
gez.: Goehrke.
Beglaubigt:
Klemke, Kanzleiassistent.

Koalitionsgenossen?

Ich bin tolerant

SPD

Resolution

angenommen in der öffentlichen Versammlung am 28. November 1931 im Volkshaus in Beuthen (Oberschlesien).

Die heutige Versammlung gegen den Faschismus fordert eine Konferenz aller linken politischen Parteien, Gewerkschaften, Betriebsräte und Erwerbslosenausschüsse, auf der die organisatorischen Aufgaben des Abwehrkampfes gegen den Faschismus besprochen werden. Es muß klar und in allen Details festgestellt werden:

1. Wie der Generalstreik, der Boykott und die Abwehraktion zu führen sind.
2. Unter welcher Parole eines gemeinsamen Aktionskomitees der Kampf zu führen wäre. Ob nur für die Erhaltung der republikanischen Staatsfassade oder für die Ziele des Sozialismus.
3. Welche Formen des Abwehrkampfes jetzt angewandt werden müssen, um von einem Verbot der revolutionären Organisationen nicht überrascht zu werden.
4. Die Zusammensetzung des Kampfkomitees muß paritätisch erfolgen, und zwar aus je zwei Vertretern der politischen Parteien, Gewerkschaftsbünde, revolutionären Betriebsräte und Erwerbslosenausschüsse auf der Basis der Einheitsfront von unten.

Diese Resolution wurde einstimmig angenommen.

Anarchosyndikalisten
Kampfbund „Schwarze Schar"

Noch ein Grund

Stuttgart brät sich eine Extrawurst....

Wir erhalten folgendes Dokument zugesandt:

Polizeipräsidium Stuttgart, 26. Nov. 1931.
Abteilung II.
Nr. II b 4 1392/31.

Verfügung.

Die Nr. XIII/48 der Zeitung „Der Syndikalist" — Organ der Freien Arbeiter-Union Deutschlands (Anarchosyndikalisten) — vom 28. Nov. 1931 wird auf Grund des § 12 Abs. 1 in Verbindung mit § 1 Abs. 1 Ziff. 2 der Verordnung des Reichspräsidenten zur Bekämpfung politischer Ausschreitungen vom 28. März 1931 beschlagnahmt und eingezogen.

Das Blatt enthält auf Seite 1 ein Zerrbild mit der Ueberschrift „Reichsverfassung, Art. 109", durch das Einrichtungen des Staates beschimpft und böswillig verächtlich gemacht werden.

I. A.
gez.: Dr. Zindel,
Regierungsrat.

Generalstreik gegen den Faschismus!

Die durch Dr. Schäfer der Oeffentlichkeit übergebenen Dokumente über die verbrecherischen Pläne der hessischen nationalsozialistischen Führer nach der Errichtung ihrer Diktatur haben die Arbeiterschaft aufgeschreckt. Sie begreift heute, ohne Unterschied der Richtungen, was ihr droht, wenn die politischen Desperados der Hitlerpartei ans Ruder kommen. Das Ziel der deutschen Faschisten ist es, nach italienischem Muster nicht nur jede politische, sondern auch jede soziale und wirtschaftliche Regung der Arbeiterschaft unmöglich zu machen, und zwar durch Anwendung brutalster Mittel.

Wer sich der neuen Ordnung nicht fügt, wird erschossen!

Daß diese Pläne nicht das Produkt eines übergeschnappten Einzelmitgliedes der NSDAP sind, sondern den Absichten der faschistischen Diktaturkandidaten auf der ganzen Linie entsprechen, kann nicht mehr geleugnet werden. Als die Münchener Bevölkerung am 10. November 1923 erwachte, fand sie an allen Straßenecken blutrote Plakate, auf denen ganz im Geiste des hessischen Dokuments die Einsetzung von Standgerichten verkündet wurde, die mit Massenerschießungen vorgehen sollten, genau wie es der hessische Amtsrichter Dr. Best in seiner Proklamation ansieht.

Hitler selbst hat seine berühmte Leipziger Legalitätserklärung gleich durch die durchaus glaubhafte Versicherung erweitert, daß nach dem Siege seiner Partei Köpfe rollen würden.

Die Zeiten haben sich geändert, seit Herr Hitler am 9. November vor acht Jahren seinen mißratenen Putsch machte; sie haben sich zu seinen Gunsten verändert. Ohne „Marsch auf Berlin" steht er dennoch schon dicht vor den Toren der Regierungsherrlichkeit. Soweit hat ihn die Legalität gebracht.

Die Schwerindustrie will, daß die deutschen Faschisten in die Reichsregierung eintreten.

Nachdem die SPD ihre Aufgabe erfüllt hat, soll der Faschismus einen noch festeren Damm gegen die Begehrlichkeit der Massen errichten.

sollen nationalsozialistische Blutdiktatoren dem bankrotten Kapitalismus durch die Krise helfen, in der selbst der bisherige sozialdemokratische Volksbetrug versagen muß. Die von der Großindustrie ausgehaltene Presse fordert immer gebieterischer den Eintritt der Nazis in die Regierung. Lange kann Herr Brüning nicht mehr widerstehen. Er wird und muß eine Umbildung seines Kabinetts vornehmen. Wie, das ist gleichgültig. Aber er ist dazu gezwungen von seinen Auftraggebern. Das Protestgeschrei der SPD, die nun die Früchte ihrer Tolerierungspolitik so herrlich reifen sieht und es mit der Angst um ihre letzten Positionen zu tun kriegt, hilft nichts mehr. Die Nazis kommen sogar auf dem legalen Wege einer Erweiterung der Regierungsbasis im parlamentarischen Sinne zur Macht! Aber gerade darin liegt die größte Gefahr. Hitler hat es vorläufig aufgegeben, durch einen Putsch die gesamte politische Macht auf einmal an sich zu reißen. Er hat einen langsameren, aber um so besseren Weg gewählt. Man will den Versuch machen, allmählich zum reinen Faschismus überzugehen. Schritt für Schritt! Brüning hat bewiesen, daß man damit am weitesten kommt.

Faschismus bedeutet, daß der Arbeiterklasse das Koalitionsrecht, die Pressefreiheit und das Streikrecht voll und ganz genommen werden.

Darum bedeutet der Regierungseintritt auch nur eines einzigen Nazi-Ministers im Reiche, daß die Regierung Kurs auf dieses Ziel nimmt.

Ist einmal einer als Vertreter der Nazis unter die Inhaber der Vollzugsgewalt des Reiches aufgenommen worden, so wird der faschistische Kurs unweigerlich bis zum Ende durchgeführt!

Gegen diese ungeheure Gefahr für den Bestand der Arbeiterbewegung muß sich eine Einheitsfront über alle Führerinteressen hinweg erheben!

Das Proletariat muß sich darauf vorbereiten, seine mächtigste Waffe gegen seinen unerbittlichsten Feind zu „erheben!

Die Waffe der Abwehr der Gesamtarbeiterschaft gegen die faschistische Machtergreifung in jeder Form kann nur liegen in der restlosen Durchführung des Generalstreiks in dem Augenblick, da auch nur ein einziger Vertreter der NSDAP in die Reichsregierung eintritt!

Bei der Abwehr des Kapp-Putsches hat der Generalstreik schon bewiesen, daß er eine

Schon zuvor kam es immer wieder zu Beschlagnahmen einzelner Ausgaben des *Syndikalist*. Hier wird über die Beschlagnahme der Ausgaben Nr. 45 und Nr. 48 von 1931 berichtet.

DIE BEFREIUNG DER ARBEITERKLASSE MUSS DAS WERK DER ARBEITER SELBST SEIN!

Preis Pfennige 15

XIII/48 BERLIN 28. Nov. 1931

DER SYNDIKALIST

hervorgegangen aus der „Einigkeit", die bei Kriegsausbruch am 6. August 1914 nach 18 jährigem Bestehen verboten wurde

Verantwortlicher Redakteur: Helmut Rüdiger, Berlin • Verlag: Reinhold Busch, Berlin S 14, Märkisches Ufer 20 • Fernruf: F 7 Jannowitz 2783 • Postscheckkonto: Reinhold Busch, Berlin 42868

Einzelnummer 15 Pfg. • Durch die Expedition unter Kreuzband monatlich für In- und Ausland 80 Pfg. • Postabonnement vierteljährlich 2,00 RM zuzüglich Bestellgeld

ORGAN DER FREIEN ARBEITER-UNION DEUTSCHLANDS (ANARCHO-SYNDIKALISTEN) ANGESCHLOSSEN AN DIE INTERNATIONALE ARBEITER-ASSOZIATION

Reichsverfassung, Artikel 109

Alle Deutschen sind vor dem Gesetze gleich.

Alarm! Die Arbeiterschaft steht vor großen Entscheidungen!

Drohende Wolken ziehen über die europäische Kulturwelt dahin. Wie ein nahendes Gewitter steht die furchtbare Wirtschafts- und Arbeitslosenkrise am Horizont. Die Völker, statt dem Geist des Friedens zu dienen, starren eisenstarrend in Waffen. Ein Funke, ins Pulverfaß des Rüstungswahnsinns von Frevlerhand geworfen, entfacht den Krieg. Möge nun die Vernunft der Menschheit vor dem nahenden Ende aller Zivilisation, aller durch Jahrtausende mit Blut und Schweiß errungenen Kultur bewahren! Das Kriegsgespenst erhebt drohend das Haupt, und was danach kommt, ist ein Schrecken des Todes für alle Welt.

Und warum kein Erdenglück für alle Menschen?

Die Antwort ist einfach. Solange der Mensch den Gesetzen der Natur und seiner Vernunft widerstrebt,

solange krasser Egoismus der Besitzenden die Not der Hungernden vermehrt, solange nicht wahre soziale Maßnahmen den sehr möglichen Wohlstand für alle vorbereiten, kann es in der Welt nicht besser werden.

…

Mehr als zehn Millionen Tote fraß der Moloch Weltkrieg, ungezählte Millionen Einarmige, Blinde und Kriegsbeschädigte sind für ihr Leben lang zu Krüppeln geschlagen. Und der Zentrumsbischof sagt: „Das ist sittlich erlaubt!"

…

In der zweiten Hälfte des November werden 500 000 deutsche Arbeiter zu beweisen haben, ob sie gewillt sind, endlich einmal das Sklavenjoch abzuschütteln oder, demütig wie ein winselnder Hund, weiteren Lohnabbau hinzunehmen, um so den schlimmsten aller Hungerwinter zu überstehen.

…

Im Schatten des Ermächtigungsgesetzes 1923 konnte nach dem Ruhrkrieg und der blutigen Niederschlagung des deutschen Proletariats unter dem Schutze der Militärdiktatur und der mit den Stimmen der SPD- und Gewerkschaftsbonzen der Raub des Achtstundentages geschehen.

…

Selbst die sozialdemokratische Presse bringt alarmierende Meldungen über die Bürgerkriegsrüstungen der Faschisten, die für die revolutionäre Arbeiterschaft allerdings nur die Bestätigung eines bereits seit Wochen und Monaten bestehenden Zustandes bedeuten.

…

Fortsetzung Seite 2 Hauptblatt

Zweierlei Maß

100 000 RM schützen vor Untersuchungshaft.

Der Skandal des Schultheiß-Patzenhofer-Konzerns, in dem wieder einmal durch verantwortungslose Mißwirtschaft und grenzenlose betrügerische Eigenmächtigkeit „berufener" Wirtschaftsführer Millionen verpulvert worden sind, brachte die Öffentlichkeit so in Erregung, daß sich der Untersuchungsrichter genötigt sah, im Verlaufe des Verfahrens gegen mehrere der Leitung des Schultheiß-Patzenhofer-Werke angehörige Direktoren den Hauptschuldigen Katzenellenbogen ins Untersuchungsgefängnis einlochen zu lassen. …

…

Man scheut die Wahrheit!

Ein sehr sonderbarer Reichsgerichtsprozeß.

Vor dem 4. Strafsenat des Reichsgerichts findet augenblicklich ein Landesverratsprozeß statt, der auf die Verhältnisse in Deutschland ein sehr bezeichnendes Licht wirft.

…

Tropfen auf den heißen Stein

Die Millionen gehen leer aus!

…

Aus dem Inhalt:

Die beschlagnahmte Ausgabe Nr. 48 vom 28. November 1931.

DIE BEFREIUNG DER ARBEITERKLASSE MUSS DAS WERK DER ARBEITER SELBST SEIN!

XV/7 BERLIN 18. FEBRUAR 1933

ARBEITER-ECHO

Verlag: Reinhold Busch, Berlin SW 19, Märkisches Ufer 20 • Fernruf: F 7 Jannowitz 2783 • Postscheckkonto: Reinhold Busch, Berlin 42658 • Durch die Expedition monatlich für In- und Ausland 80 Pfg. • Nur Vorauszahlung! Postabonnement vierteljährlich 1,80 RM, monatlich 0,60 RM zuzüglich Bestellgeld

ORGAN DER FREIEN ARBEITER-UNION DEUTSCHLANDS (ANARCHO-SYNDIKALISTEN) ANGESCHLOSSEN AN DIE INTERNATIONALE ARBEITER-ASSOZIATION

Wie lange noch Nazi-Mordterror?

Jede Woche, jeder Tag bringt jetzt neue Schandtaten der Nazihorden, denen die Arbeiter meist wehrlos ausgeliefert sind. Dutzende von Proleten sind schon in den wenigen Wochen seit dem Regierungsantritt Hitlers ums Leben gekommen. In Berlin, Harburg, Leisnig (Sachsen), Staßfurt, Oberhausen, Braunschweig, Königsberg, Köln, Landsberg a. d. Warthe usw. veranstalteten die Nazis Ueberfälle und Sprengstoffanschläge. Auch die Nazi-Studenten dürfen bei diesem Aufbauwerk selbstverständlich nicht fehlen und machen überall Krach. Besonders gefährlich ist die Lage für oppositionelle oder als oppositionell verdächtige Nazis. So wurde das Büro der Zeitschrift „Der deutsche Weg" in Berlin von sieben bewaffneten Nazis überfallen. In Berlin-Lichtenberg suchte ein Nazi vor seinen eigenen Leuten bei einem Schupo Zuflucht, der einen der Verfolger tötete. Die starke Bewaffnung der SA-Leute geht u. a. daraus hervor, daß bei dem heimtückischen Ueberfall auf das Lokal „Pappschachtel" in Berlin-Schöneberg 10 Pistolen und sehr viele Schlagwaffen gefunden wurden, die die Mörder weggeworfen hatten.

Es kann bei dieser Sachlage nicht wundernehmen, daß sich die Arbeiter mit denselben Mitteln gegen den Terror wehren. In Charlottenburg wurden Handgranaten in ein Nazilokal geworfen. An anderen Stellen verteidigten sich die Arbeiter mit anderen Waffen gegen die Ueberfälle. Angeblich sollen sie auch auf einen nationalsozialistischen Demonstrationszug in Eisleben geschossen haben, worauf die entmenschten Horden in das kommunistische Volkshaus eindrangen und alles kurz und klein schlagen. Sehr viele Arbeiter wurden schwer verletzt. Wie lange soll das noch so weiter gehen?

Es lebe der Kuli!

Die „Allgemeine Deutsche Lehrerzeitung" veröffentlicht eine Aufstellung des Statistischen Amtes der Stadt Berlin zur gegenwärtigen Ernährungskrise, in der u. a. gesagt wird, daß bei schwerer Muskelarbeit eine Ernährung angemessen sein könne, die fast ausschließlich aus Gemüse, Brot, Reis und Kartoffeln besteht. Es genüge vollauf, wenn ein schwer arbeitender Mann täglich 1500 Gramm Brot und 125 Gramm Käse zu sich nehme, da diese „Ernährung" alles enthalte, was zur Erhaltung der Arbeitskraft notwendig sei! Zur Begründung dieser „modernen" Ernährungstheorie verweist dann das Gutachten auf den japanischen und chinesischen Kuli, der sich ja auch von Reis und wenigen Zusätzen ausreichend ernähren könne.

Butter, Eier, Obst und Fleisch sind Luxusartikel, da sie den Lebensunterhalt nur unnötig verteuern, darum könne der Mann mit „vorwiegender Muskelarbeit" getrost auf deren Verbrauch verzichten und dafür den Kartoffel- und Brotverbrauch bedeutend erhöhen! (Steht das Gleiche nicht auch in dem Programm der ostelbischen Junker?) Sogar auf das Gemüse könne der Muskelmann verzichten.

Das ist so ein kleiner Auszug aus den Attentatsplänen des Berliner Statistischen Amtes auf die Ernährung des arbeitenden Volkes. Diese Pläne sind gar nicht mal so neu, wie sie auf den ersten Blick hin erscheinen. Sie erwecken in uns eine starke Erinnerung an die letzten Jahre des vergangenen Völkermordens. Damals hieß es ja auch so überzeugend „wissenschaftlich", daß die Kohlrübe solch ein hervorragendes Volksnahrungsmittel sei usw.! Sollen wir vielleicht daraus schließen, daß bald wieder mal ein solches Weltverbrechen, Krieg genannt, gefällig ist?! Anscheinend soll diese „Aufstellung zur Ernährungskrise" schon so eine kleine Vorbereitung auf kommende Hungerjahre sein. Vorerst mag das Statistische Amt in Berlin wohl den Auftrag haben, eine Absatzpropaganda für die Produkte der Osthilfe-Junker einzuleiten, die infolge ihrer Dekadenz und sonstiger Unfähigkeit nichts anderes anbauen lassen können als Roggen und Kartoffeln! In ihrer angestammten Frechheit vermeinen nun die Junker, dem Volke ausgerechnet ihre Produkte in den Magen zwingen zu können. Das Statistische Amt soll ihnen dabei die nötigen Hilfsdienste leisten. Die darin sitzenden „Wissenschaftler" haben ja mit ihrer nunmehrigen Aufstellung ihre Bereitwilligkeit gegenüber diesen Plänen der Ostelbier zur Genüge bewiesen. Unverständlich ist nur, weshalb sie zur Begründung ihrer neuen Wissenschaft die Existenz japanischer und chinesischer Kulis bedürfen, wo wir doch im eigenen „Vaterlande" Gegenden nachweisen können, in denen Generationen von Menschen jahrhundertelang ein elendes Kulidasein zu fristen gezwungen sind: nämlich in den Landstrichen östlich der Elbe! Dort gibt es jeden Morgen Pellkartoffeln mit Magermilch und abends gleich noch einmal! In diesen selben Gegenden sind auch die Osthilfe-Junker zuhause, und da diesen infolge der Schwäche der deutschen „Republikaner" der Kamm schwoll, versuchen sie nunmehr, auch bei der Industriearbeiterschaft dies bei ihrem „Gesinde" so gut bewährte Rezept zur Anwendung zu bringen. Merkt ihr nun, wohin die Reise geht? Die Osthilfe soll tatsächlich auf ganz Deutschland ausgedehnt werden, was ja durchaus eins der Ziele der NSDAP ist! Liegt da nicht der Gedanke sehr nahe, daß irgendwelche Beziehungen zwischen den Junkern und dem Statistischen Amt der Stadt Berlin bestehen?

Dieses sonderbare Amt hat sogar ausgerechnet, daß ein unverheirateter, körperlich schwer arbeitender Mann mit einem Betrag von 69 Pf. (neunundsechzig Pfennig!) pro Tag für seine Ernährung auskommen müsse, und davon sogar noch alle sonstigen Ausgaben — für Kleidung, Gesundheitspflege, Sozialversicherung, Steuern usw. — bestreiten könne! Für Kinder zwischen 9 und 14 Jahren sind laut dieser Aufstellung 52 Pf., für jüngere Kinder sogar nur 34 Pf. völlig „ausreichend"! Deren Verfasser scheinen ja die Richtigkeit dieser Behauptung an sich selbst bereits genügend ausprobiert zu haben, sonst könnten sie's wohl kaum so genau wissen. Dann wird es aber unseres Erachtens schleunigst Zeit, daß der neue Kanzler, der ja bekanntlich früher stets so oft von dem radikalen Abbau der hohen Gehälter sprach, die Gehälter der statistischen Beamten auf das Niveau ihres eigenen Rezeptes festsetzt, um zu verhindern, daß sie nicht etwa die letzten sind, die die Wirkungen ihrer Wissenschaft zu spüren bekommen. Wir sehen nicht ein, warum der Mann der „vorwiegenden Muskelarbeit" allein als Skelett herumlaufen soll.

Schließlich haben die großen Geistesleuchten im Statistischen Amt auch noch daran gedacht, daß der Prolet eigentlich noch in viel zu guten Wohnungen lebt. Das muß unbedingt anders werden, weshalb sie in ihrem Gutachten darauf hinweisen, daß dem unverheirateten Mann eine „Schlafstelle genügen müsse". Für Heizung und Beleuchtung seien im allgemeinen keine besonderen Ausgaben in Rechnung zu stellen! Wofür braucht auch der arbeitende Mann noch Heizung, der soll sich nur warm arbeiten. Und gar erst Licht, das ist ja gerade das Wort, daß den Volksfeinden aller Schattierungen im tiefsten Grunde ihres Herzens verhaßt ist! Licht dient doch dem Arbeiter nur zur Bildung und vielleicht gar zur Schürung der Rebellion. Also weg damit aus dem Haushaltsetat des Arbeiters.

Und gewissermaßen als hygienische Krönung der Wissenschaft des zwanzigsten Jahrhunderts stellt dieses Gutachten die Behauptung auf, daß für eine Arbeiterfamilie eine Ein-Zimmer-Wohnung als üblich und standesgemäß betrachtet werden müsse, selbst bei Vorhandensein mehrerer Kinder!

Warum die Gutachter in diesem Falle die Erwähnung des Kulidaseins vergaßen, entzieht sich unserer Kenntnis, aber wir können ihnen ja mal etwas unter die Arme greifen: In Indien sind beispielsweise vier- bis fünfköpfige Familien in Ein-Zimmer-Wohnungen „üblich und standesgemäß", und für 100 Familien gibt es gewöhnlich einen Wasserhahn! Dafür gibt es aber auch eine Säuglingssterblichkeit von 66 Prozent! Im übrigen fristet die dortige Arbeiterschaft ein Dasein, das weit unter dem Niveau des in Europa gehaltenen Viehes liegt. Die Aktiengesellschaften werfen darum Jahr für Jahr Dividenden aus, die sich durchaus „üblich und standesgemäß" zwischen 90 bis 160 Prozent bewegen. Und das ist wohl auch der springende Punkt, um den sich dies ganze Gutachten dreht: Solche Dividenden möchten die Aktionäre auch in Deutschland erzielen. Die Arbeiterschaft soll mit dem Bauch voll Kartoffeln schuften und in elenden Wohnlöchern verrecken, damit die Krautjunker und Schlotbarone noch höhere Gewinne erzielen und die Früchte der Arbeit verprassen können! Riese Proletariat, es wird höchste Zeit, daß du deinen Ausbeutern und deren wohlfeilen „Wissenschaftlern" einen Strich durch die Rechnung machst!

Max Weser.

Eine Stimme aus Schweden

Herr Göring, zur Zeit Reichsminister, rühmte sich seiner guten Beziehungen zu Schweden. Daß Herr Göring in Schweden sich einer großen Beliebtheit erfreut, läßt sich wirklich nicht behaupten, es sei denn, Herr Göring glaubt, daß einige schwedische Nazijünglinge die ganze schwedische Nation sind. Im Gegenteil, die schwedische Presse und Oeffentlichkeit ist auf ihn sehr schlecht zu sprechen.

Zur gleichen Zeit, als der Skandal mit der schwedischen Presse, die Herr Göring von Berlin aus maßregeln zu können glaubte, bekannt wurde, erhielten wir einen Brief eines unserer schwedischen Genossen. Dieser Brief zeigt, daß die schwedischen Arbeiter denn doch anders denken, als Herr Göring es seinen deutschen Anhängern weismacht. Wir geben einen Teil des Briefes wieder:

An die deutschen Genossen!

Genossen! Täglich und stündlich sind wir in diesen Tagen mit unseren Gedanken bei dem Kampf der deutschen Arbeiterklasse gegen die Reaktion. Wir verfolgen mit gespannter Aufmerksamkeit die täglichen Ereignisse in Deutschland, die Maßnahmen der Reaktion, die das Ziel verfolgen, das deutsche Volk in die Fesseln der Sklaverei zu schlagen, und die Gegenwehr der Arbeiterklasse, die den Vormarsch der Quälgeister der Arbeiter hindern will. Selbst wenn man weiß, daß stets in der Geschichte des Klassenkampfes Gewalthandlungen vorgekommen sind, wird man innerlich aufgewühlt bei dem Gedanken, daß Arbeiter einander hinmorden, wie das in Deutschland jetzt tatsächlich geschieht. Wenn wir richtig informiert sind, besteht die Partei der Nazis zu 80 Prozent aus Arbeitern, die sich durch schöne Versprechungen auf Brot, Arbeit und Freiheit betrügen lassen, die von den nationalsozialistischen Demagogen in Wort und Schrift verbreitet werden. In dem Deutschland unserer Tage spielt sich die Tragödie der Arbeiterklasse in großem Ausmaße ab. Wir kennen die Dinge nicht aus der Nähe, sondern nur aus der Entfernung, und wir sehen sie so.

Doch wir glauben auch, daß der Augenblick nicht mehr lange auf sich warten lassen wird, an dem die Arbeiter nicht mehr diese oder jene Parteien, sondern nur noch eine einige Klasse sehen werden. Eine so vereinte Arbeiterklasse braucht keine Gewalten zu fürchten, niemand kann sie niederschlagen, sie kann nicht besiegt werden.

Wir freuen uns über den Aufruf der deutschen Syndikalisten an die deutsche Arbeiterklasse. Ein Kampf der Arbeiter auf den Straßen gegen die Polizei, die SS und den Stahlhelm, gegen Spitzel und Provokateure erscheint uns unmöglich. Das würde nur in einer Niederlage der Arbeiter ausmünden, die schwer überwunden werden könnte. Der wirtschaftliche Kampf dagegen ist das Mittel, durch dessen kluge Anwendung die Arbeiterklasse unüberwindlich ist.

Genossen! Ich sende euch meine herzlichsten Grüße in eurem Kampf. Heute ihr, morgen wir, und zuletzt ist doch der Sieg unser! Daran zweifeln wir nicht.

Fredrik Olsson, Uddevalla.

Das Spiel mit dem Reichstag

Die Sozialdemokratie hat wieder einmal den Beweis dafür erbracht, daß sie ebenso wie bei dem „verfassungsmäßigen" Sturz der Preußenregierung im verflossenen Jahre auch jetzt wieder bei der mit allen Mitteln der parlamentarischen Kunst erfolgten Machtergreifung des Faschismus nicht ein Schatten des Verdachtes treffen kann, mit ungesetzlichen Mitteln die Ruhe und Ordnung in der Republik gestört zu haben.

Warum soll man sich auch provozieren lassen, solange noch der Kampf mit allen gesetzlichen Mitteln möglich ist, solange noch ein Reichsgerichtshof sein unparteiisches Urteil spricht und Hindenburg als unerschütterlicher Garant der Verfassung die Staatsgewalt in Händen hält?

Man darf der Sozialdemokratie wirklich keinen Vorwurf machen, denn es scheint schon so, daß die Gesetzlichkeit den guten Deutschen mit in die Wiege gelegt worden ist, kann sich doch auch der deutsche Faschismus rühmen auf gesetzlichem Wege an die Macht gelangt zu sein.

Der Klugheit der Bourgeoisie ist auf dem Gebiete der Politik jene grandiose Erfindung des Parlamentarismus zu verdanken, die es ermöglicht, das Proletariat vom Klassenkampf abzulenken und es mit der Illusion des Stimmzettels zu füttern.

Der Kampf gegen den Faschismus ist deshalb auch jetzt wieder in die Arena des Parlamentarismus verlegt worden. Die Parteien rüsten mit großem Geschrei zur Stimmzettelschlacht am 5. März. Indessen sitzt der Faschismus bereits fest im Sattel. Während die Sozialdemokratie von der großen Entscheidung träumt und die Arbeiter mit hohlen Phrasen mobilisiert, vollzieht sich der große Wechsel im Regierungsgebäude. Die roten Parteibuchbeamten werden durch die braunen ersetzt, und die Notverordnungen gegen den verhaßten Marxismus zeigen bereits den Kurs, den das Schiff des Faschismus einzuschlagen gedenkt.

Dem Faschismus kann im Grunde genommen der Ausgang dieser Wahlen gleichgültig bleiben. Zwar versucht er von seiner verlockenden Position aus, noch einmal die berühmten 51 Prozent der Wählerstimmen einzufangen; denn gelingt ihm dieser Streich, die Demokratie durch die Demokratie aufzuheben, dann ist alles in gesetzlicher Ordnung, und der Herr Reichspräsident braucht sich nicht länger mehr sein altpreußisches Gewissen mit der Sorge zu beschweren, wie er in so verzwickelten Zeitverhältnissen seinen Eid auf die Verfassung vor Gott und der Welt aufrechterhalten kann.

Gelingt es den Faschisten nicht, die parlamentarische Mehrheit zu erlangen, was so gut wie sicher ist, dann wird man schon Mittel und Wege finden, dem Faschismus einen verfassungsmäßigen Stempel aufzudrücken. Ob Hitler zu demselben Spiel mit dem Reichstag greifen wird wie seine Vorgänger und den Reichstag vertagt, auflöst und dann wieder neu wählen läßt — eine Methode, die sich fast ein Jahr lang bewährt hat — läßt sich noch nicht voraussagen. Jedenfalls hängt das davon ab, ob er glaubt, auch weiterhin die Arbeiterschaft mit diesem Spiel narren zu können.

Wie immer das parlamentarische Spiel auch ausgehen mag, das eine steht fest: die Sozialdemokratie hat verloren und mit ihr die schöne Idee vom sozialen Volksstaat und der Ueberbrückung der Klassengegensätze. Das Proletariat aber

Die letzte Ausgabe des „*Arbeiter-Echo*“, der Nachfolgezeitung des „*Der Syndikalist*“ vom 18. Februar 1933.